この国は俺が守る

田中角栄アメリカに屈せず

仲俊二郎

栄光出版社

この国は俺が守る

目次

この国は俺が守る

――田中角栄アメリカに屈せず――

1　決断と実行の男

昭和四十四年（一九六九）のことである。

内閣総理大臣佐藤栄作は沖縄返還に政治生命を賭けていた。

（何としてもこれだけは実現せねば……）

だが喉に引っかかった大きなトゲが、どうしても抜けない。トゲとはアメリカとの繊維摩擦問題だ。これが実に難題で、下手をすれば、うまくいきかかっている沖縄返還合意も御破算になりかねない。貿易摩擦の元凶が日本の繊維輸出にあるというのだ。大平正芳通産大臣に交渉をまかせてはいるのだが、歯がゆい限りだ。遅々として進まない。

（せっかく若泉先生がここまでやってくれているのに……）

繊維交渉の大平通産相とは別に、京都産業大学教授で政治学者の若泉敬は、佐藤首相の「密使」をつとめ、米側のキッシンジャー補佐官と頻繁に沖縄返還に向けた極秘交渉をしていた。佐藤首相は外務省は信用できないと、個人的に若泉に接触し、全権を与えて交渉に当たらせた。若泉の報告先は佐藤一人であり、当然、外務省は蚊帳《かや》の外である。徹底的な秘密厳守がしかれた。

これほど重要な国際問題が、公式の外交ルートを通してではなく、いわば私的な関係で結ばれた一民間人が担ったという事実に、驚かざるを得ない。若泉はそのことを返還がなった後に、自著「他策ナカリシヲ信ゼムト欲ス」に明かしている。

沖縄は若泉が描いたシナリオに沿って返還されるのだが、後に外務省が若泉の密使説を耳にし、著書を目にしたとき、その事実の存在を強く否定した。しかし、平成二十三年に入って外務省が公開した外交文書から、やはり若泉が密使であったことが明らかとなった。外務省は平気で嘘をついていたのである。

その若泉が繊維問題について、佐藤にこう報告している。

「返還の代償として、繊維問題の解決が不可欠です。キッシンジャーは絶対に譲れない条件だと言っています」

「ふむ……繊維ねえ……」

佐藤は分かったような分からないような、曖昧な返事をした。それというのも、どう見ても解決できそうにないからだ。若泉が佐藤にそう進言するのは一度や二度ではないが、いつの時でも答えは煮え切らないものだった。

当時、日本は高度経済成長を走り続け、貿易黒字が定着する一方、ベトナム戦争で疲弊していたアメリカは、著しく経済の国際競争力を失っていた。日米の貿易摩擦はのっぴきならない状況となり、とりわけその代表格が繊維摩擦だった。日本製の安い繊維製品がアメリカ市場になだれ込み、不公正な競争でアメリカのメーカーが存亡の危機に瀕している。そんな非難が海の向こうから大合唱となって押し寄せていたのである。

この頃、リチャード・ニクソンは近くに迫った大統領選挙で焦っていた。前回はジョン・F・ケネディに敗れている。今回の対抗馬は民主党のハンフリーであるが、何としてでも勝たねばならない。背水の陣である。票を獲得しようと、昭和四十三年（一九六八）、大票田の南部で演説をする。その内容が問題の発端だった。スポンサーである繊維業者を前に、

「日本の繊維製品に自主規制をさせ、効果がない場合には輸入規制をかける」

と言い切って、勝手に約束してしまう。そして、それが効いたのかどうかは別として、念願がかない、翌年一月二十日、第三十七代アメリカ合衆国大統領に就任した。

さっそく二月には、先の南部演説の内容を政府の公式表明へと格上げし、交渉のため二人の高官を日本に派遣した。続く七月の日米貿易経済合同委員会ではさらに突っ込み、対米輸出への自主規制を強硬に求めた。

日本側は憤慨《ふんがい》した。繊維業界は騒然となる。アメリカはあまりに一方的で、もともとニクソンの身勝手な口約束ではないか。それに、日本製品による実害はないに等しいのが実態だ。業界を管掌《かんしょう》する通産省も応援団に回り、猛然と反撥した。通産大臣の大平は悩んだ。アメリカの猛攻と、佐藤首相の解決せよとの指示のあいだに挟まれ、右往左往するばかりである。ただでさえしかめっ面の面貌が、いっそうゆがんで見える。

「こうなったら最後の手段だ。アメリカへ現地調査団を派遣してみよう」

そこで被害がないのを実証すれば、大統領補佐官のヘンリー・キッシンジャー、いやその

ボスであるニクソンも黙らざるをえないだろう。こちらには自信がある。そう考えて九月に調査団を派遣し、期待通り日本側の主張が正しいことが確かめられた。実害の証拠は見つけられなかったのだ。

しかし、アメリカは矛《ほこ》を納める気は毛頭ない。キッシンジャーは若泉をワシントンへ呼んだ。沖縄を返すのだから、せめて繊維くらいは譲歩せよ、と猛烈な剣幕で迫る。それでも佐藤の腹は決まらない。返還は実現したいが、繊維業界の反対も無視するわけにはいかないし、国民に弱腰を見抜かれれば、支持率が下がる。野党の攻勢も頭が痛い。沖縄と繊維が絡み合ってくるのは、何としてでも避けねばならない命題だ。

そうこうするうち、昭和四十四年（一九六九）十一月二十一日がきた。ワシントンのホワイトハウスで佐藤、ニクソンによる歴史的な日米首脳会談がはじまったのだ。

予定通り初日に沖縄返還が決まると、案の定、二日目にニクソンは繊維問題を議題にあげ、執拗に解決を迫ってきた。佐藤は相変わらず煮え切らなかったが、最後の三日目に、押し切られる形で秘密裡に自主規制を約束した。アメリカ側要求を記した出来たばかりの秘密文書を手に、

「この十二月末までに話をつけ、その上ではっきりした形で約束をします」

と年内決着を確約した。それでもニクソンは不安そうな顔をしたので、佐藤はさらに続けた。

「自分はその場限りの男ではありません。最善を尽くすことを信頼してほしい」

ようやくニクソンは満足した表情に変わり、

「分かりました。それで申し分《ぶん》ありません」

と応じ、ここに日米間の繊維密約が成立したのだった。

二人は固い握手を交わしながらも、佐藤としては自分なりにうまく切り抜けられたという安堵感を抱いている。確約した、という意識は乏しいのである。「最善を尽くす」というのは「努力義務」であり、結果は問われない。そう勝手に解釈をしていた。

ところがアメリカ側はそんな受け取り方はしていなかった。「Trust Me」という通訳の言葉を信じ、これで落着したと思ったのである。この佐藤自身と米側の認識のズレが後々の紛糾へとつながっていく。同じ「信頼せよ」でも、「Trust」というのは「Believe」と比べ、「絶対的な信頼」という意味があり、「誰かが正直であり、損害を与えたり騙《だま》したりしないことを信じる」というニュアンスが含まれるのだ。ニクソンが英語民族として佐藤の言葉を信じた理由が分かる。

会談が終わるや、すぐさまその紛糾は日本側で起こった。佐藤は国会でアメリカからの自主規制要求があったことは明らかにするけれど、密約はしていないという立場を貫く。裏事情を知らない通産省は憤慨した。アメリカ案は検討の基礎にもなり得ないと声高に叫び、拒絶した。

「被害もないのに、どうして規制する必要があるのか」

スジ論が独走した。繊維業界の火はますます燃え盛る。佐藤にも打つ手がない。お手上げだ。いたずらに時間だけが過ぎ、約束の十二月末になってもまったく伸展していなかった。

世間では、

「糸を売って縄を買った」

との批判が踊っている。繊維業界の犠牲と引き換えに沖縄返還を実現させたというのだ。

繊維（糸）を売って沖縄（縄）を買ったのではないか、と非難するのである。

遅々として進まない実態に、キッシンジャーは激怒した。ここに至って佐藤は自分の認識の甘さに気づき、慌てた。返還への悪影響が出はしないかと、またもや心配になり出した。

十二月の総選挙で自民党が三百議席をとって圧勝した嬉しさも吹っ飛んだ。アメリカが怒りのあまり密約をばらすのではないかと、不安は雪だるま式に広がる。

（ここは一つ、釘《くぎ》をさしておかねば……）

さっそく外務大臣の愛知揆一をよび、下田武三駐米大使宛てに電報を打たせた。密約があった首脳会談の内容を漏らさぬよう、米側に注意を喚起《かんき》せよ、との指示だった。

下田は電報を受け取った翌日の昭和四十五年一月二十四日、すぐさま外相へ特秘公電で返事をしている。それは反撥と、さらには首相への逆指示とでもいえる内容で、彼の憤慨ぶりを伝えている。

「早期解決の実現につき相当強いコミットメント（誓約）を総理が行われたことも厳然たる事実です」

と密約の存在を明らかにし、続いて、今のようにその存在を隠したままで米国内関係者を説得するのは困難だ、と主張する。そして、「さる総選挙において政府与党が大勝した現在、事実を事実として堂々と説明せられ、根本方針をお切り替え願う」と、強く訴えている。国会や業界を説得すべきだと促した。だが、佐藤は依然として動かないし、動けなかった。

ただこの間に佐藤が打った手がある。通産大臣を大平から宮澤喜一へ代えたことだった。英語もペラペラでアメリカ通の宮澤なら、うまく解決してくれるかもしれない。そんな淡い期待、というよりも、切実な願望に負けての遅きに失した対応であった。

だがその対応も、何の効果も出ない。事態はますます泥沼化する。肝心の佐藤本人が相変わらず密約の存在を否定し続けているからだ。そこで佐藤は次の一手に出た。ちょうどその年の三月五日に一時帰国していた吉野文六駐米公使に会い、極秘工作を指示した。

「何とか裏をくぐる方法がないものか。日米双方で協力して、発見してもらえまいか」

「裏をくぐる、とおっしゃいますと……」

「アメリカ織維業界に被害があれば助かるんだ。これが一番いい。そうなるような資料を、お互い協力して、作り出せないだろうか」

アメリカ側の被害を偽装してでも早期に解決したいというのだ。これを受けたキッシンジャーはまたもや激怒し、下田駐米大使に吐き捨てた。

「いやはや呆れましたな。首脳会談の経緯を無視するなんて、アメリカ政府内には、侮辱《ぶじょく》的だと言って憤慨する者がいます。日本政府首脳が努力を尽くし切っているとは、とても思えませんな」

下田は泡立つ胸をおさえ、外相へ電報を打つ。

「政府首脳が自ら行った約束ほど重要なものはない。この約束を尊重するかどうかは国家の信用にかかわる最重要事項である」

と、重ねて批判した。しかし佐藤には馬の耳に念仏だ。四日後の国会で、しゃあしゃあとこんな答弁をしている。

「繊維問題は難しい。その中味について、大統領と私が話し合ったのではということですが、大統領にも十分な知識はないでしょうし、私自身もっておりません。密約説など、あろうわけがないのです」

その後も知米派の宮澤通産相もあれこれと動き回ってみるが、成果がない。むしろ、いっそう日米の亀裂が深まった。実際、下田反発から一年余りが空費されたのである。

大平、宮澤と、エリート街道を歩んできたサラブレッドの二人には、荷が重すぎたのか。

佐藤は考えこんだ。

人事の佐藤と言われ、役職というエサをちらつかせる人心掌握術でこれまでやってきたが、その考え方は一先ず封印だ。幸い六月には沖縄返還協定もようやく調印された。今こそ時期到来である。多少の強引さは覚悟の上で決着をつけねばなるまい。その適役はサラブレッドとは程遠い下賤《げせん》な暴れ馬だが、この男しかいないだろう。もう少し早く登場させればよかったという後悔もないではないが、仕方がない。進まない気分にようやく鞭を打ち、佐藤は心を決めた。

（だが果たしてあの男は受けるだろうか）

それが心配である。燃え盛る火の粉のなかに飛び込む決死役を、わざわざ引き受けてくれるかどうか。佐藤は腹心の議員を通じ、慎重に打診した。

そのころ自民党幹事長の田中角栄はポスト佐藤を巡って、福田赳夫と熾烈な戦いを続けていた。総理大臣の椅子が目の前でちらちらしている状況であり、自分を支持してくれる議員の獲得に汗を流していた。

佐藤の腹は知っている。腹心の福田赳夫を後釜にしたいとあちこちで囁いているからだ。囁くというより、吹聴《ふいちょう》している。だがこればかりはどう転ぶか分からない。もし議員投票にでもなれば、自分の方に勝ち目はあると田中は睨《にら》んでいる。そんなところへ通産大臣就任の打診が飛び込んできたのだった。田中派の議員たちは色めきたった。大反対なのである。

「こんな貧乏クジ、引けるわけがないだろう。佐藤首相の田中潰しに違いない」

「相手は超大国のアメリカだ。うまくいくはずがない。もし失敗すれば、総理の芽はなくなってしまうぞ」

「何でオヤジが泥をかぶる必要があるのかね」

しかし、田中は逆の行動に出た。反対を押し切り、受諾するのである。

「皆さんのお気持ちは有難い。しかし今は佐藤内閣にとって正念場だ。あえて火中の栗を拾うよ。佐藤政権の最後の泥は幹事長である俺がかぶる」

そう言って、逆に皆をなだめて回る。そのさばさばした、しかし毅然とした態度に、誰もが呆気《あっけ》に取られた。ほどなく周囲の者たちの気持ちに変化が起こる。田中という男の愚直なほどの意気込みを肌で感じ取るのに時間はかからなかった。何でよりによって通産大臣とは、という後ろ向きの思いを引きずりながらも、この男ならやれるかもしれないという前向きの予感が胸中に広がった。

昭和四十六年（一九七一）七月五日、田中は迷うことなく通産大臣に就任した。今のままでは日米の亀裂は取り返しがつかない事態に陥るだろう。甚だ心配である。自分には逃げようなどという気はさらさらない。自己の損得などどうでもいいことだ。困難な課題であればあるほど、闘志が湧くのが自分の真骨頂ではないか。その思いが田中の胸を熱くうずめている。

（だが、それだけか）

田中は自問する。これしきの問題を解決できないのでは総理大臣になる資格はないと、そんな自己を試す気持ちもあった。日本国民の命を預かる総理大臣を目指すからには、修羅場はむしろ大歓迎だ。逃げるなどもってのほかである。

（ま、これはいわば日本国総理という大学の入学試験みたいなものだな）

勝手にそう決めて、にやりと笑う心のゆとりがある。自分は小学校卒で、これまで大学の入学試験というものを経験していない。エリート大学を出た秀才の大平、宮澤にも解けなかった難問である。小学校卒の男が挑むのに何の躊躇があろう。むしろ通産大臣のポストは歓迎だ。

この一種、不敵な心構えは田中の若い頃の育ち方からきている。目の前の困難から一度たりとも逃げようとしたことはない。その一つに吃音《きつおん》がある。子供時分は吃音でずいぶん苦労した。だがそれも創意工夫で克服している。

田中の吃音はひどかった。焦れば焦るほど息が詰まり、言葉が出なくなる。人前ではきまってどもっている。ところが不思議なことに歌を歌ったり、妹や年下の遊び仲間には普通に話せる。或る日、ふとこの事実に気がついた。思わず膝をたたいた。節《ふし》をつければいい。言葉に節をつけて歌うようにしゃべれば、うまくいくのではないか。

（よし、これだ。これでいこう）

ほのかな希望の灯が胸にともった。

ちょうど運よく村には旅回りの浪曲師が来ていて、夜間の興行が行われている。しかし子供の夜遊びはご法度の時代だ。そこで担任教師の許可を得たのち、母に頼んで連れて行ってもらった。意識を集中していた田中は、一度聞いただけで、物語の文句も節回しもすべて覚えてしまった。

早速、翌日の昼休みに、級友たちを前に成果を試してみた。田中は歌いはじめた。流暢《りゅうちょう》な出だしだ。節回しに乗った口上が、途切れることなく流れていく。歌い終えたとき、生徒たちの拍手に混じり、後ろからひときわ高い担任教師の拍手が鳴った。うれしそうな顔から白い歯がこぼれていた。

それ以後、田中は人前でしゃべる時に、あがりそうになると、意識的に節をつけて切り抜ける。それを繰り返すうち、いつの間にか重度の吃音を克服したのだった。この自信は大きい。子供心にも自分の気持ちを処方する薬を見つけたことで、どんな問題にでも対決する前向きの気構えが横溢《おういつ》したのを、今でも鮮やかに思い出す。

それからもう一つ、田中の心を鍛えた肥料として、田中土建工業の経営がある。青年時代から自分で会社を興し、受注に奔走し、設計をして、利益を得、会社を大きくした。その間に多くの問題に直面したが、どれにも真正面からぶつかり、切り抜けてきた。もちろん国家レベルではないけれど、そういった個人的な小さな修羅場の積み重ねが強靭な田中を形作ったといっていい。

さて、通産大臣就任時の田中は、この時点ではまだ日米間の密約の存在を知らなかった。やる気満々、意気軒昂《いきけんこう》である。答えのない方程式に挑む自分への檄《げき》として、先ずは内外に決意を明言しておこうと考えた。通産省幹部を部屋へ集め、汗を拭くハンカチを手にもったまま浅く一礼した。その顔には陰気とはほど遠い、ぱっと光を放つ無防備な明るさがあった。

「通産大臣の田中です。このたび佐藤総理から繊維問題の解決を託されました。この一点に、大臣として全力で取り組むつもりでいます」

そう前置きをして、一同を見回した。結んだ固い唇に、これまでの大臣には見られなかった決意の強さがあらわれている。

幹部の顔に動揺が走った。

（予想通りだ……）

予想というのは、「まさか」というのと、「とんでもない」という思いの二つに割れている。前者は田中の意気込みを買った少数の積極派であり、後者は自分たちへも責任が回されてきはしないかという多数の消極派だ。田中は瞬時に判別し、しばらく構想を述べたあと、消極派に向かって声を投げた。

「そんなこと出来っこないと、顔に書いている人もおりますな。でも私は君たちが反対してきても、受け付けませんからね。ならば辞表を、という勇者もおるかもしれないけれど、毎日、対応するのも大変だ。辞表はダメでござるからね」

最後は笑いを誘い、その場で仮の賛同をとりつけるのに成功した。田中一流の機転である。

（時間は残されていない）

担当幹部数名をそのまま残し、すぐさま勉強にとりかかる。これまでの交渉経緯、日米の主張と業界事情等、メモと鉛筆を片手に熱心に聞き入る。「とんでもない」派だった幹部も、いつの間にか田中の本気度に引き入れられている自分に気づき、内心、苦笑した。田中はつぶやいた。

「聞けば聞くほど難題だな。いったいどこからこんな亀裂が生じたのか……」

それが田中には不思議である。いかに大国アメリカといえども、これほどまでの執拗さは合点がいかない。引く気配がないどころか、むしろ突進してくる勢いだ。何が背後に横たわっているのか。田中の動物的な直感が何か異様な匂いの存在を嗅ぎとる。政治家になって二十数年、田中のカンが微妙に作動し、問題の核心へのブザーを鳴らしたのかもしれない。

そのブザーの中味が明らかになったのは、就任から一週間目に開かれたケネディ特使との会談だった。新通産大臣就任の機をとらえ、ニクソンはすかさずケネディに特命を授けて訪日させた。田中とは腹を割って話させるつもりである。

公式の場では従来と変わらない主張が応酬されたが、一対一の個別会談がもたれた時のことだ。ケネディは密約の詳細を洗いざらい田中に打ち明けた。

（なるほど、そういうことだったのか）

このとき田中は驚きというよりも、むしろ佐藤の戦略に舌を巻いた。場違いな反応だが、佐藤の老練さにはかなわないとさえ思った。敗戦国である日本が、戦勝国から沖縄ほどの領土を取り返すのは、至難の業である。戦争ででも勝ち取らない限り、不可能だろう。アメリカが気前よく唯々諾々《いいだくだく》と返すなんて、誰が考えてもあり得ないことだ。よほどの対価を求められても仕方がない。それを佐藤はわずかの対価、つまり繊維の自主規制というエサで釣り上げた。

見事な外交ではないか。見上げたものだ。繊維業界には酷なことだが、一国の立場から見れば大勝利である。それなのに佐藤自身が密約の存在をつつかれ、袋小路に陥っている。これほどの人物がマスコミの世論調査を気にするなんて、その弱さが何だかおかしくもあり、佐藤の人間味の一端が感じられた。

（よし、それなら俺が解決してやる！）

田中はケネディの言葉を聞きながら、ひそかにそう決意した。これまでの佐藤への恩返しもあろう。だがそれ以上に日本国民の利益のために、やらねばならぬ。

もちろんそんな決意を表情にあらわすほど田中はヤワではない。会談といっても、ここでは一方的にケネディ側にしゃべらせた。先ず相手の情報を得ること。これがネゴシエーション（ネゴ、交渉）の基本であることは熟知している。腹のうちは見せていない。微妙な問題だけに、こちらの本音を出さず、相手から引き出す戦法に出たのだった。その結果、予想を超えた大きな収穫を得た。それに比べ、与えたものは少ない。

（恐らくケネディは失望しただろう）

だがそれでいいのだ。失望すればするほど、後のネゴはやりやすい。そう田中は考えている。それに、この会談で全貌がつかめただけでなく、とるべき戦略の基本方針も見えてきた。

それは百八十度の転換を意味する。密約そのものはあくまでも隠し続けねばならないが、米側の言い分を丸呑みするしか解決策は見出せないだろう。中途半端な妥協の余地はない。だが問題は如何にしてその結論に導いていくかだ。

（そのハードルは二つある）

そう田中は考えた。一つはアメリカ側だ。あまりにもあっさりと受け入れたら、何か損をしたような気分にさせてしまい、追加要求へと駆り立てるやも知れぬ。そしてもう一つは日本の繊維産業だ。潰すわけにはいかない。彼らの膨大な損失をどう補填《ほてん》するのがいいのか。果たしてそんな予算を獲得できるのか。

田中はネゴに長《た》けた男である。密約の存在は自分の胸にしまいながら、担当の幹部官僚には素早く指示を出している。それは対米譲歩と、繊維業界救済についての二本柱から成る。

「諸君の言い分はもっともだ。スジ論は明快だし、誰が聞いても納得する。だけど、この繊維の糸はもつれにもつれている。私の仕事はこのもつれをほどくことにある」

そう言って、一旦官僚を持ち上げてから、一気に本心を洗いざらいまな板の上にのせた。

「スジ論だけでは繊維問題は解決しない。大平さんも宮澤さんもご苦労された。いままでのやり方を続ける限り、結果は目に見えている。この際、清水《きよみず》の舞台から飛び降りる決意が必要だと思うね」

「飛び降りる?」

官僚たちは用心と反撥の意思を隠そうともせず、いや、むしろそれを誇示するように、ゆがめた眉《まゆ》と険しい瞳を凝固《ぎょうこ》させた。田中はやや目を光らせ、それに気づいた上での図々しさで、押した。

「そう。繊維製品の輸出規制をするのです。もはや譲歩するしかない」

「だけど……」

「もちろん最低限の主張はすべきだと思う。来年度以降の一定の輸出伸び率を確保するとか、品目別の割り当て量の流用を認めるとかね」

「まさか……。大臣は本気でお考えですか」

「意地の突っ張りあいだけで解決するのなら、外交はいらないよ。私の方針は明確だ。もちろん国内の繊維産業への影響は覚悟している。同時に中小企業対策も必要だろう」

規制により国内産業がこうむる被害額を算定し、これを補償するという救済策で、一気に解決をはかろうというのだ。大平や宮澤では出来なかった、田中ならではの大胆な発想だった。

官僚たちは戸惑った。「被害なきところに規制なし」と叫んできた長年の方針を、いきなり大転換せよとの指令である。

「大臣、そんなことを強行したら大変ですよ。繊維産業は大混乱します。日本繊維産業連盟も黙ってはいません。国会対応も思いやられますしね」

「それはよく分かっている。だけど決めたことだ。責任はすべて俺がかぶるから」

責任をかぶる。その言葉で、ようやく官僚の不満を押さえ込んだ。だが彼らの動きを見ていると、本気で被害額算定に取り組む気はなさそうだ。

（じゃあ、あなたの腕前をとっくりと拝見させてもらいますわ）

そんな皮肉めいた目もちらほら見かけられたが、田中は気づかぬふりをし、それをバネにして逆に闘志を燃やす。

それから間もなくその腕前を見せる時がやってきた。ケネディと会ってから十二日後に再び彼と秘密会談をもち、問題の再確認をする。そして、その年の秋に入った九月九日と十日、ワシントンで第八回日米貿易経済合同委員会が開かれた。日本側の出席者は田中通産相、福田外相、水田蔵相で、アメリカ側はロジャース国務長官、コナリー財務長官、スタンズ商務長官、そして双方の事務官たちである。新任大臣が何を話すのか、皆、固唾《かたず》をのんでいる。

田中はタフネゴシエーター（手ごわい交渉人）で特有の粘り強さをもっている。若い頃の事業経営で培った気質で、会議では終始一貫、妥協を見せなかった。本心を隠し、日本の主張、つまり通産官僚と業界の言い分をそのままとうとうと述べた。コナリーは貿易の不均衡を大声でなじり、テーブルをドンと叩いて威嚇する。それでも田中は動じない。スタンズやロジャースに対しても同様だ。譲歩の可能性はおくびにも出さず、胸を張り、目を相手に鋭く当てて反論した。

「日本の繊維業界というのはですね。いわば農民と同じなんです。団結力が強くて、妥協させるのは難しい。強権的に事を運ぶのはよくありません。出来ないことは出来ないのです。繊維問題、繊維問題とおっしゃいますが、日本の業界はすでに自主規制をしています。もう終わった話じゃないですか。効果が出るまで待っていただきたいものです」

コナリーが目をむいた。悔しさから再び貿易問題をぶり返す。

「聞き捨てなりませんな。では貿易不均衡はどうなんですか。アメリカの赤字は依然として巨額ですよ」

「アメリカは大国です。そのアメリカに追いつこうと、日本は日夜、頑張ってきました。ご承知のように、日本は対米では少し黒字ですが、対産油国では大幅な赤字です。だから、貿易問題というのは、日米の二国間だけで見るべきではありません。むしろマルチのベースで考えるべきだと思われませんか」

ああ言えばこう言うという感じか。田中は次々とパンチを浴びせ、堂々と渡り合った。だがその堂々のお陰で会議は決裂した。思惑通りである。

（ちと芥子《からし》を利かせすぎたかもしれないな）

そんな気もせぬではないが、ここは我慢のしどころなのだ。しかし狙いはもう一つある。敵を欺く前に、先ず味方をも欺かねばならない。並み居る日本側代表と事務官たちの前で、田中一流のはったりをきかせたのだった。そうすることで彼らの親近感を勝ち得たいという作戦でもあった。

期待通りの反応が起こった。同行した事務官たちが、自分たちの代弁をしてくれたということで大いに溜飲を下げた。帰国後、

「すごい大臣だ。総理以上の主張をしてくれたじゃないか」

と口々に語り合う。噂はたちまち霞が関から業界全体へと広まった。官僚の田中への信頼は一気に高まり、通産省はひとかたまりに結束する。それを待っていたかのように田中は次の言葉を吐いた。

「君らの主張は正しい。その通り、俺は言うだけ言った。だけど、どうだろう。このまま進

んでいって、いいのかどうかだ。主張だけでは解決しないのは、これまでで分かっている。ここは一つ、新しい打開策が必要じゃないのかね」

　国益というのは長期で見るものだ。常に正論を突き続けるのが正しいとは言えまい。妥協も必要だろう。理不尽ではあっても、ある程度はアメリカの要求も飲まねばなるまい。そう釘を刺してから、

「その代わりの策としてだな、業者の損失をきちんと補償する。業界の得べかりし利益を補償する、ということだ」

　と力強く言い、一同を見回した。

――損失補償……。

　官僚たちは思わず顔を見合わせた。だが一人が大きくうなずくと、皆も釣られてそれに続いた。仕方なしにというのではない。まったく次元の違った発想に直面し、判断する余裕を取り戻す前に驚嘆したのが実情だ。補償額の調査をしておけとは言われたが、まさか本気でやるとは考えていなかった。最初から弱腰の大臣だったら、そんなことを言われても聞く気はない。がアメリカ相手に、あれほどまでに強硬に自分たちの代弁をしてくれた。その思いが皆の心を一気に突き上げたのだった。田中の心理作戦が勝ったのである。

　官僚たちは俄然、動き出した。業界の設備能力や廃棄に伴う損失額など、正確な数値を確定していく。しかしその一方で、次第に弱気にもなっていた。補償額があまりにも大きすぎるのだ。予算の概算要求はすでに八月に終わっている。いまさら大蔵省が聞き入れてくれる

とは思えない。繊維局長は恐る恐る田中に進言した。

「大臣、やはり補償は無理です。とても五、六百億円ではすみません」

「何だ、そんなことかね。心配はいらんよ。大丈夫だ。これでアメリカを怒らせずにすむし、日本の業界も助かるのだからな」

田中はあえて胸を張り、自信を誇示した。その一方で、これで沖縄が無事返ったのだから安い買物ではないか、と別のことを考えていた。

（初志貫徹だな）

あとは突き進むだけである。休止機械一台ごとに補償金を出す。

「そうなると、全部でいくらくらい必要かね」

「はあ……。恐らく二千億円は超えるでしょう」

田中はすぐさま佐藤首相と水田蔵相に連絡をとり、予算獲得の交渉に入った。もちろんそのあいだでも、アメリカ政府との連絡は絶やしていない。公式、非公式を通じ、言いたい放題のぶつけ合いが続いている。

ネゴとは我慢比べだと田中は思っている。弓がしなう限界ぎりぎりまで矢を放つのは待たねばならぬ。先に音《ね》をあげた方が負けである。その音をいつあげるか。これがネゴの要諦《ようてい》なのだ。

（もう少し、もう少しの辛抱だ）

この時点になっても田中はまだ本心を相手に伝えていなかった。我慢している。しかし決裂だけは絶対に避けねばならず、この点には最大限の神経を使った。その策はケネディ提案への対応を意識的に遅らせるという、一見、穏やかな時間稼ぎの形で遂行した。

ケネディはアメリカに有利な政府間協定を強く求め、日本側の譲歩がない場合、十月十五日から一方的に輸入規制に踏み切ると主張してきた。これに対し田中は玉虫色の返事をして、時間稼ぎをしている。狡猾《こうかつ》である。

「ケネディ案のままでは呑めないが、貴国と引き続き前向きに協議をさせていただきたい。またこれまで日本が主張してきた、『被害なきところに規制なし』という方針には固執しない。あくまで十月十五日という期限は尊重するつもりである」

だがそう回答したにもかかわらず、相変わらず日本の動きが鈍い。業を煮やしたジューリック補佐官は、九月十七日、最後通告をしてきた。

「かねてから警告している通り、このままでは十月十五日から輸入割当を実施することになる。十月一日までに日本側は態度を明確にせよ」

いよいよ決戦の時が迫ってきた。弓はしなりにしなっている。満を持して田中は行動に出る。関が原の戦いがはじまろうとしているのだ。そんなところへ部下から耳寄りな話が飛び込んできた。

（ほう、ジューリックが現れるとはな……）

飛んで火に入る夏の虫とはこのことか。そのジューリックが、もう待てないとばかりに、三日も経たないうちに日本へ乗り込んできたのだ。

翌日、田中は会議をもった。演出は前の夜に書き上げてある。強気と苦悩の表情を巧みに使い分け、解決に向けての真剣さを披露する。ジューリックは顔を赤く染め、苛立たしそうに先の主張を繰り返した。ケネディ案が最終であり、ニクソン大統領も了承したものだと、幾度も念を押した。

この最後通牒《つうちょう》に対し、田中は言葉は丁重だが、またもや突っぱねる。

「これは困りました。貴国の方にも譲歩の可能性があるなら、何とか話し合う余地はあるのですがねえ。これではお話になりません」

そう言ってパンチを見舞う一方、本心の輪郭をおぼろげながらも眼前に差し出す老獪さだ。

「しかし、一方的な輸入制限だけは何としてでも避けねばなりません。そのためにも、日本で輸出の自主規制を徹底した場合にどうなるか。業界がこうむるその損害額を早急にまとめてみたいと考えています」

この言葉でジューリックは期待を抱いた。安堵を無理に押し殺そうとした一瞬の眉のゆがみを、田中は見逃さなかった。脅した甲斐があったと自己評価したようだ。それほどまで田中の演技はうまかった。相手にも小さな花をもたせている。しかし田中はずるい。まだ輪郭にとどめたままである。コミット（誓約）は最後の最後になって発動するのがコツだと承知している。ジューリックは報告のため急ぎ帰国した。

八面六臂《はちめんろっぴ》という言葉があるが、まさにこの田中のことを指すのかもしれない。引き続きアメリカに対してケネディ案の緩和を強く要求する一方で、国内では二千億円にのぼる損害額の予算獲得に奔走する。政府内をはじめ、与野党の了解工作にも着手した。日本繊維産業連盟会長の大屋晋三とも頻繁に会わねばならない。だが田中は元気だ。体じゅうが火の玉となって燃えている。

（やれやれだな）

夜風が涼しくなった。深い閑寂《かんじゃく》のなか、それを挑発するように虫の音が高い合唱となって聞こえてくる。自宅の居間でオールドパーをすすりながら、田中は久々に忙中閑の寛ぎを味わっていた。十月十二日の閣議でもって、ようやく従来方針の棚上げと、正式な政府間交渉に入る旨の了承を得たのだ。というのもその翌日からはケネディ特使との最終交渉が控えていたからである。

これについてはジューリックとひと悶着があった。彼は最終決着のために少し前に再来日し、アメリカ代表として田中と裏交渉をしていた。しかし田中にしてみれば不満である。ネゴの結末を飾るのにジューリックでは役不足なのだ。

——格下相手に日本が手を打った。

そんなふうに見られるのは心外だし、日本の国益のためにもいいことではない。やはりケネディでなければフィナーレは飾れない。そう考えた。ジューリックに対し、これまでの実務交渉に謝意を述べたあと、率直に申し入れている。

「期限まであとわずか。いよいよ最後の総仕上げです。ここはやはりケネディ氏に来日していただけませんか」

ジューリックは露骨に嫌な顔をしたが、残り日数のことを考えたのか、しぶしぶ応じたのだった。

三日間にわたるケネディとの交渉は多忙かつ熾烈であった。十三日の夜はヘリコプターで横田基地へ移動し、翌十四日はホテルオークラ、そして最後の十五日は通産省大臣室と目まぐるしく変わり、公式、非公式の交渉が続行される。そして遂に十五日の夜になって決着を見、「日米繊維協定のための了解覚書」の仮調印にこぎつけたのだった。

田中はネゴの極意を知り尽くしていたといえる。大臣就任後、何とわずか三ヵ月で解決してみせた。大平、宮澤が三年間かけてもできなかった難題だ。それをその一割にも満たない時間で片付けたのである。後に田中は「決断と実行の男」と世間から言われるが、すでにその姿をこの繊維交渉で世上の目にくっきりと焼きつけた。

ではなぜ田中だけが成し遂げることができたのか。それはどん底から這い上がる叩き上げ人生で得た「力」なのかもしれない。田中は、人間の内奥《ないおう》に潜むエゴや欲望、妬みなどを、生活の一齣《ひとこま》一齣で屈折しながら実体験してきた。その過程で、感情や心の動きというものに対する鋭敏な感覚が醸成された。いわば田中は人間学博士ともいうべき独特の武器を備えていたからだろう。これは知能指数（ＩＱ）とは異なり、感情指数（ＥＱ）とよばれるが、他者とのネゴで最も必要な能力は、この感情指数なのである。

それに比べ、福田、大平はあまりにも順調なエスカレーターに乗り、人生階段を上ってきた。生死を賭けた生活の屈折、修羅場を経験していない。感情指数を磨く機会がなかったのである。せいぜい代議士という政治仲間とだけの狭い範囲での感情指数で終わっている。

それにもう一つの忘れてはならない要素がある。それは田中がもつ政治家らしからぬ純な熱情だ。自己の栄達だけを夢見る政治屋なら、あの時点で佐藤首相から通産大臣の話があったとき、即座に断るか、たとえ受けたとしても、真剣に取り組んだりしなかったに違いない。佐藤のお気に入りである福田とポスト佐藤の座を争っている微妙な時期なのだ。失敗したら、もうその芽がなくなってしまう。それなのに田中は敢然と受けて立つのである。そこに「私」よりも「公」を上位に置く田中の真骨頂があらわれている。だが世間はうわべしか見ない。

「田中はやはり強引な男だ。日本のためにならない」

協定書に調印した当初、そんな批判が政界や実業界に渦巻いた。臨時国会では田中通産相の不信任案が衆参両院で上程されたし、繊維業界でも死活問題だとして騒然となる。だが田中は迷わない。むしろ業界のためだと、前向きの意識に裏打ちされているから、なお強い。確かに輸出抑制による打撃はピンチだが、これはチャンスへの転換にもなるのだと信じている。

「廃棄と決めた織機は必ず実行せよ。業者がこっそり倉庫に隠すかもしれぬ。しっかりと見届けるよう」

と行政当局に細かな指示をする一方、社長連中にも提言をしている。

「これを機に生産設備の合理化を促す。より少ない製品量でより多い利益を上げる体質に転換してほしい。そのための援助は惜しまない」

　あれほど騒がれた協定書調印だが、その後の時間の経過は田中の先見性を証明した。残すよう決められた機械枠は結局、余るほどになり、協定そのものがやがて形骸化していった。そして繊維産業は大きく転換する。糸中心の人海戦術的な賃加工の段階から、後の炭素繊維をはじめとする化学を目指した高付加価値繊維へと脱皮するのである。田中の先を見る目の確かさに改めて驚かざるを得ない。

（それにしてもアメリカという国は手ごわい）

　繊維交渉を通じて田中が得た感想だ。こうと決めた方針はがむしゃらに押し付けてくる。トップである大統領から最先端の交渉人に至るまで、一本の太い線の矢印で結ばれている。トップの権限は強く、命令は絶対服従だ。

　それに引き換え、我が国はどうだろう。命令の線が随所でゆがんでいる。担当の通産官僚が自分に都合のいいように情報をリークしてみたり、外務省の在米高官が指令に背いてアメリカ寄りの行動をしたりと、問題がある。自由といえば自由だが、統率のなさは否めまい。だがその方がチェック機能がきくというメリットもあるだろう。どちらが優れているのか、田中には判断がつきかねた。

　ただ怖さとして学んだことがある。ニクソンが選挙の票目当てに勝手に演説した内容を、強引に他国へ押しつけてきたことだ。それも国策という名を借りてである。それがアメリカという国の本質かもしれない。国のエゴをむき出しにしてくる。

田中はチラッと自分が総理大臣になった時のことを想像した。好むと好まざるにかかわらず、そんな国を相手にして、外交をしていかねばならないのだ。国益という観点に立つからには、対立と妥協の場面が連続するのが目に見えている。アメリカの属国なら別だが、日本は独立した国である。あくまでも自国民の幸福と利益を追い求めねばならぬ。それが最高責任者としての総理大臣の仕事であろう。

(それが分かっただけでも、いい勉強だったのかも……)

苦しい戦いであったが、今回の繊維交渉から田中は大きな収穫を得たと思った。

2　庶民宰相誕生

田中がアメリカを怖いと思ったのは繊維交渉の経験だけではない。それより前、通産大臣就任の十日後にいきなり思い知らされた。

昭和四十六年（一九七一）七月十五日、米大統領補佐官のヘンリー・キッシンジャーが極秘で訪中し、ニクソン大統領の訪中予定を突然、電撃発表したのだ。世界は驚天動地《きょうてんどうち》といえるほどショックを受けた。

「まさかあのアメリカが……」

誰もが後の言葉が続かなかった。長年にわたって米中は険悪な敵対関係にあったからである。

当時、中国はソ連のフルシチョフ首相との間で激しく対立し、深刻な不協和音が続いていた。一方、アメリカはベトナム戦争で疲弊して、経済悪化のためニクソン政権は苦境に立たされていた。しかしながら、アメリカは依然として蔣介石の中華民国（台湾）こそが中国大陸を統治する正当な政府だとみなし、中国共産党政府を承認していなかったのである。

アメリカにとって、膨大な人口をかかえる中国は、経済マーケットとして涎《よだれ》が出るほど魅力的だ。台湾との関係悪化を懸念しながらも、あえて中国との修復に乗り出した。それを演出したのがキッシンジャーだった。

佐藤内閣は動揺した。日本には一切の事前通知がなかったのだ。

(アメリカに裏切られた……)

同盟国としての絆《きずな》を袖《そで》にされた。その悔しさと寂しさを同時に味わい、孤独感をかみ締める。つい一ヵ月ほど前に沖縄返還協定に調印したばかりではないか。アメリカへの期待と親近感で満たされていた国民の心に、いきなり冷や水が浴びせられた。

田中にもその思いは強い。通産大臣になったばかりで、頭のなかは繊維でいっぱいだが、だからこそその交渉を前にして、アメリカという国の一方的な外交に警戒を強めた。

(外交とは力関係なのか)

それは一面の真理だと思っている。弱小日本が大国のアメリカに対し、どれだけ主張を通せるのか。心もとない限りだが、意識的に気持ちを切り替えた。そんな弱気では大臣の資格がないと、自分を叱咤した。「力」と「智恵」をまじえた総力戦こそが外交なのだと、自分に言い聞かせたのだった。

訪中発表の騒ぎは外務大臣にまかせておけばいい。自分は通産大臣として繊維に集中しよう。そう思いかけた矢先の八月十五日のことだ。またもやニクソンは世界を震撼させる。一方的にドル防衛策を発表し、金とドルの関係を断ち切るという。それまでの金とドル紙幣の兌換《だかん》を廃止して金ドル本位制をやめ、ただのドル本位制に移行することとなった。それと同時に、米国が輸入する製品に対しては一律十五%の課徴金が賦課される。

さあ、日本は大変である。為替市場は大混乱し、東証の株価は史上最大の暴落となる。経済を預かる田中は頭をかかえた。為替も一ドル三百六十円から変動相場制へと移行する。対米輸出が今にも止まってしまうのではないか。産業界は不安の極限に達した。

「ニクソンショック！」

訪中発表とドル防衛策とを合わせ、マスコミはそう呼んだ。まさに混乱の極みである。そんな日本の劣勢に追い討ちをかけるように、ジューリックが繊維問題で来日するとの知らせが田中に届いたのであった。

（これもアメリカの作戦かもしれんな）

弱った相手にこれでもかとパンチを浴びせかけてくる。これがアメリカ流なのか。だが、それならそれでいい。受けて立とうではないか。田中は腹をくくった。強敵であればあるほど闘争心が燃え、そんな自分のやせ我慢に苦笑いした。

（それにしても親玉のキッシンジャーとは何者だろう）

この軍師にはかつてアメリカで会ったことがある。いかにも手強そうないかつい顔つきの、がっしりした体格の男だった。

執務室の冷房は強にしているのだが、それでも汗がにじみ出てくる。田中はせっかちそうに一拭き二拭きした。飲みかけの麦茶が入ったコップをテーブルに置くと、ソファーから立ち上がった。窓際に近づき、ガラス窓を通して外を見すえた。

殺風景なビル群が静かに広がっているが、心は穏やかではない。その向こうの地球の反対側にいる、見えない敵に対峙する高揚とした気分で満ちている。今、世界で起こっている動乱の何もかもが、あの男の策謀に違いない。アメリカは超大国だ。国という力では負けるけれど、頭のなかにある智恵と、それを効果的に発動するタイミングでは、互角にやっていける自信がある。

改めてキッシンジャーの経歴書に目を通した。ドイツ系ユダヤ人を両親にもち、戦時中、ナチスの迫害を逃れて両親とともにアメリカへ亡命した。ハーバード大学教授となり、外交問題の専門家として、大学で十七年間にわたってサマー・セミナーを主宰している。その資金はロックフェラー財団やフォード財団が拠出する一方、米ＣＩＡ（米中央情報局）も「中東（イスラエル）の友人」と称する仮想集団の名で出していた。

そのキッシンジャーをはじめとするアメリカ官僚たちを相手に、日米繊維協定の交渉を、結果的に田中はわずか三ヵ月で決着させたのだが、その時は後年になってこの同じ人物に自分の政治生命が脅かされるなど、思いもしなかった。

だがキッシンジャー自身はすでに田中の存在を意識していたに違いない。まだ抹殺するまではいかないが、気にかかる人物というレベルには置いていたはずだ。ところが時間の経過とともに、そのレベルは次第に上がっていく。繊維で見せた鮮やかな手腕には敬意と同時に、それと正反対の警戒心をも抱いたという。まるで対等国のように尊大に振る舞われ、不快であった。しかし解決したことで大統領のニクソンが喜んでいるのを見て、その意識は封印したと思われる。なぜならまだ田中抹殺に向かって表立った行動には出ていなかったからだ。そうなるのはニクソンが失脚した後のことである。

正月も明けやらぬ昭和四十七年（一九七二）一月六日、田中は福田外相、水田蔵相とともに佐藤首相に随行して、アメリカ西海岸のサクラメントで開かれる日米首脳会談に同席した。同行の記者団のあいだでは或る話題でもちきりだった。佐藤がこの訪米中に後継総裁に愛弟《まなで》子《し》の福田を指名するのではないかというのだ。福田側から盛んにその情報が流されていたし、佐藤自身もそんな素振りを見せた。福田の巧みなマスコミ戦術である。

ところがこのサクラメントで、田中にとって好都合な珍事が起こる。大統領別荘の庭で行われた野外パーティでのことだ。芝の手入れが行き届き、カラフルな花が咲く広い庭にテーブルが五、六個配置されている。各テーブルには名札が置かれてあって、主賓用にはニクソンと佐藤栄作首相、外務大臣福田赳夫の名があった。外交儀礼に従い外務大臣は高順位であり、田中は別のテーブルになっていた。

さて、パーティがはじまりかけ、皆が席に着こうとした時だ。先に座ったニクソンが何を思ったか、急に片手を上げて声を出した。手の先は前方の田中を指している。手招きで呼んでいるのだ。隣に座った佐藤首相がきょとんとしている間に、ニクソンはさっさと田中をもう一つの隣席に座らせようとする。

（俺、か？）

田中は予期しない出来事に泡を食い、慌てて福田を探そうとしたが、すぐに事態を把握した。早鐘のような鼓動を懸命に抑えながら、即席の笑顔をこしらえ、「サンキュー・ベリー・マッチ」と言って、すべるようにして席に着いた。ニクソンは両手で田中の肩を軽くたたき、白い歯を見せて大げさに歓迎した。

田中も驚いたが、福田もそれ以上の驚きだ。

(どうして俺ではないのか)

だがもう皆が着席している。仕方なく福田は空いていた田中用の席に体を沈めたのだった。ニクソンは何事もなかったかのように談笑をはじめる。カメラマンたちは驚きを隠せない表情を残したまま、活発に体を動かし、盛んにカメラのフラッシュをたいた。

この珍事は結果的に佐藤、田中、福田の三名の運命を変える契機となった。案の定、田中とニクソンのツーショット写真が日本の新聞紙上を大きく飾り、佐藤の福田への禅譲《ぜんじょう》論は吹き飛んでしまうのである。

――ニクソンは田中を買っている。

そんな世評が一人歩きした。佐藤の即時禅譲はタイミングを失い、そののち棚上げとなり、福田優位のマスコミ観測が田中の方へと逆転した。

このニクソンの手招きについて、田中を失笑させた中傷が永田町を走った。田中がアメリカ側に強引に仕掛けたというのだ。

「俺のどこにそんな力があるのかね」

と言って、田中は取り合わなかったが、自分なりにその理由が分かりそうな気がしている。

ちょうど繊維交渉の本協定書が調印されたばかりである。ニクソンは大票田の有権者に顔が立ち、上機嫌なのだ。その立役者である田中に好意をもち、慰労したいと考えた。外交儀礼の認識を超え、ごく自然な気持ちで招きよせたのに違いない。そう田中は考えている。だから中傷については一笑に付した。

後継総裁に向け、田中は日増しに勢いづいた。福田も派閥の引き締めを図って対抗するが、肝心の親分である佐藤の態度が煮え切らない。人事の佐藤といわれるだけあって、様子見に徹している。だが時間的な余裕はあまりない。衆議院では佐藤への不信任案、参議院では問責決議案が提出され、政権末期が近づいているのを嫌が上にも自覚せざるを得なかった。六月十六日の朝、佐藤は秘書の楠田實にこう告げた。

「明日、辞意表明をする。準備してくれないか」

福田への禅譲論はすっかり消える。田中の目論見通り、総裁公選が規定路線となった。二人の候補者の戦いは熾烈を極め、巨額のカネが飛び交った。カネの出自はそれぞれ違っても、ほぼ同額が永田町で乱舞した。田中も福田も集めに集めていた。だが、世間というのは出自と育ちの良さを好むのだろうか。「カネ・イコール・タナカ」と世間は一方的に断定するが、「カネ・イコール・フクダ」とは決して言わない。

確かに田中は巨額の資金を集めた。彼のキャリアのなかで、いろいろな役職をまかされ、建設委員会や決算委員会理事、衆院商工委員長、郵政大臣、副幹事長、政務調査会長、大蔵大臣、幹事長、通産大臣と、着実に階段をのぼってきた。

いずれの時でも田中が最も頼りにされたのは、自民党を維持するための資金集めだった。選挙資金は時とともにうなぎ上《のぼ》りに増大していき、与野党を問わず、議員はひたすら資金集めで知恵と汗を流す。だが若手や地盤の弱い議員はそう簡単に集められるものではない。領袖ともなれば、派閥の維持費もかかる。いきおい党は田中の集金力に頼ることになる。

政権政党である自民党へ入る企業からの政治献金は巨額だが、それに加え、田中は独自の資金ルートを探し出し、カネを集めた。それも膨大な額である。田中はそれら、つまり自分のカネも含めて、惜しげもなく議員たちに配った。

「汚れ役は田中にやらせるのがいい」

党の幹部らはそれを暗黙の合言葉にしている。カネは必要で欲しいが、手を汚すのはイヤだし、危ない真似はしたくない。歴代首相の岸信介にせよ、池田勇人にせよ、佐藤栄作にせよ、皆、上手に田中を利用した。田中もそのことに気づかなかったわけではない。むしろ、彼の方から率先してその役割を引き受けたところがある。

「どうせ誰かがやらなきゃいけないんだ」

周りにもそう言い、自分への免罪符にしていた。自民党が選挙で勝つには、どうしてもカネが必要だ。法案を通すには多数決という数の確保が不可欠なのである。民主主義というシステムでは、「数は力」なのだ。

ところが田中の数に頼る考え方をマスコミは田中の人格にからめて、まるで義に反する強権的な卑しいやり方のように非難する。何だか田中という成り上がりの人格を見定めた上で、軽蔑の感情にむりやり結びつけようとする感じがしてならない。田中はなかば呆れ顔で言うのだ。

「じゃあ、数がダメなら、民主主義はどうなるのかね。多数者が決めてはいけないのかい」

　そしてなおも続ける。

「もしもの話だがね。もし元アメリカ大統領のリンカーンが『数は力なり』と言ったなら、どうなるの？　今度はマスコミは褒《ほ》めるのかね」

　田中の皮肉である。


　或る日、秘書の早坂茂三と麓邦明がこのカネ集めについて田中に諫言《かんげん》している。佐藤や福田、大平のようにもっと慎重にやってほしいと言うのだ。

「だからさあ、オヤジさん。一度にドンと集めるんじゃなくて、小さく、幅広く集めるようにしてくれませんか。合計金額は同じでも、その方が目立ちませんから」

　田中は分かったとは言わない。机を指先でコツコツと二、三度たたき、反対の意思表示をして、しんみりした口調で本音をさらけた。

「彼らはな、皆、東大や京大、東京商大を出ている。大会社の幹部も同様さ。エリートの仲間同士だし、先輩後輩の絆《きずな》は強い。がっちり結ばれてるんだ。ツーカーの関係だからね。カネの献金も簡単だ」

「まあ、それは事実ですけど……」

「それに引き換え、自分は小学校卒だよ。しかも馬喰《ばくろう》の倅だ。頭を下げて頼みに行ったところで、心の中では『土建屋上がり』と軽蔑されるに決まっている。ひがみじゃないけど、世間って、案外、冷たいものさ」

そのしんみりした物言いに、二人は返す言葉がなかった。有名大学出である彼らにはこたえた。

事実、田中の資金集めは財界を頼らない自己調達だった。そのルートは田中土建工業であり、役員をつとめる越後交通であり、ファミリー企業の室町産業であり、一時、大株主だった日本電建であった。いわば自分の息のかかった会社である。それらが所有する土地や不動産、株式などが高騰し、得られた利益を自己の政治資金に回す。

ただ問題は、党の要職をつとめる政治家が政策を遂行する過程で、土地や不動産の値上がりが起こり、その利益をこれらの身内企業も享受したという世間の声にある。

――何か不正があったのではないか。

意識的にインフレを煽《あお》り、利益を狙った。その利益を使って金権政治に走った結果、政治腐敗をもたらした。その張本人が田中角栄である。マスコミはそんなレッテルを貼り、非難した。

一方、ライバルであった福田赳夫や盟友といわれる大平正芳らは、高学歴と結びつく財界主流のインテリらと太いパイプでつながっており、いわば自動的に資金が入ってくる。両者とも大蔵大臣を経験していた関係から、とりわけ金融機関は大口献金者であった。

田中以外の政治家はカネには恬淡《てんたん》としていた、というのは正しくない。マスコミが国民にそう印象づけようとしたに過ぎないのである。吉田や岸、池田、佐藤、福田、大平らも、田中と同様、派閥維持のために大金を必要としていた。後にロッキード事件のとき、クリーンを標榜して田中を弾劾《だんがい》した元首相の三木武夫でさえ、カネには貪欲《どんよく》だった。田中だけではないのだ。

三木は政権を握った二年間、年間二十億円ともいわれる領収書のいらない官房機密費を、毎年、小銭さえ残さず使い果たした。政権を投げ出した時は、金庫のなかがスッカラカンになっていたので、後を継いだ福田赳夫はあきれたという。それほどクリーンな人物なら、機密費の使い方を少しでもオープンにする気持ちがあってもよかったのではなかろうか。それに比べ、田中が首相を退任したとき、ほとんど手付かずの大金が金庫のなかに残されていたという。カネに淡白だったのは、むしろ田中の方であった。

岸信介は弟子の福田赳夫にこうも言ったという。

「田中はカネの井戸を掘るけど、俺はそうじゃない。溝を掘るんだ。井戸掘りがくみ出した水、つまりカネを、自分の方へ回ってくるようにするのさ」

そんな言葉にも田中はどこ吹く風だ。無学な自分が旧帝大卒のエリートたちの城で、単身戦わねばならない。彼らが手出しをしない集金という業務を自分がすることで、組織の中での生きる道を見出そうとしたのである。負けてたまるかという意気と、努力で成果を得られる実業で勝ち取った自信が合わさって、そうさせたのかもしれない。

この点が殿様育ちのエリートたちと足軽から成り上がった田中との違いであろう。草履取りの気持ちがいまだに抜けないのだろうか。だがそれは正しくない。田中の行動の原点には、そういう感情の奔出《ほんしゅつ》だけでなく、それを遥かに超えた純粋さがあったのを見逃してはなるまい。

——自分の夢は国民を幸せにするための政策実行だ。

そのためには多数決の議会で、数を確保せねばならない。マスコミから「田中は数の論理がすべての男」と非難されるけれど、この方針を変えるつもりはない。内閣維持のためには体を張ってでもやり抜くつもりである。そんな純白の絹を思わせるような純粋さが、体の芯を貫いていたのだった。

とりわけ池田内閣と佐藤内閣の時にはそうだ。組織内での自己の立場を強化する意図も秘めてはいるが、粉骨砕身《ふんこつさいしん》、カネ作りに頑張った。そう見てくると、田中が金権政治の元凶ではなく、むしろ彼にそれをやらせた池田や佐藤こそが張本人ではなかろうか。

ところがマスコミや世論はそうは見ない。出自が卑《いや》しい田中の方に狙いを定め、攻撃した。そして田中は敢然とその挑戦を受けたのである。平たく言えば、田中は泥をかぶったのだった。世の中、いつも公平であるとは限らない。その誤謬《ごびゅう》の訂正は、後の歴史の証明まで待たねばならないのは悲しい。

福田と大平についてもう少し、補足しよう。福田の資金パイプは三本あった。一本は大蔵省主計局長までつとめた官僚時代に培《つちか》ったもの、二本目は旧一高と東大時代の先輩後輩の結びつき、そして三本目は大蔵大臣というポストの威光である。土建業で成り上がった田中とは雲泥の差だ。黙っていてもカネは流入し続けた。

大平にしても、東京商大から大蔵省へ入り、大蔵大臣もつとめて、財界とのパイプは太い。そこへ旧池田派の遺産を引き継いだのだった。いずれにせよ財界は、保守本流のエリートとして、福田や大平に首相への期待を抱いた。

善良なところのある大平は、盟友である田中に心底から忠告もしている。

「君は湯気の出ているカネを摑《つか》みすぎているようだ。危なくて見ちゃおれないよ」

さて福田と総裁争いをしていたこの頃、田中は政治家としての積年の思いを綴った「日本列島改造論」を出版している。日本国民は皆、平等に幸福を求める権利がある。そう信じた田中は、都市と農村、表日本（太平洋側）と裏日本（日本海側）に存する格差を目の当たりにし、この是正こそが自分の使命だと、早い時分から心に決めていた。それがひいては日本国の発展につながると信じて疑わない。この本はその四年ほど前に発表した「都市政策大綱」をベースに、理論と具体策を包括した政策の集大成であった。内政の根幹ともいうべき心の叫びである。その発刊の狙いを「序にかえて」の中で次のように述べている。

「農村から都市へ、高い所得と便利な暮らしを求める人びとの流れは、今日の近代文明を築きあげる原動力となってきた。日本もその例外ではない。明治維新から百年あまりのあいだ、わが国は工業化と都市化の高まりに比例して力強く発展した。

ところが、昭和三十年代にはじまった日本経済の高度成長によって東京、大阪など太平洋ベルト地帯へ産業、人口が過度集中し、わが国は世界に類例をみない高密度社会を形成するにいたった。巨大都市は過密のルツボで病み、あえぎ、いらだっている反面、農村は若者が減って高齢化し、成長のエネルギーを失おうとしている……。

明治百年をひとつのフシ目にして、都市集中のメリットは、いま明らかにデメリットへ変わった。国民がいまなによりも求めているのは、過密と過疎の弊害の同時解消であり、美しく、住みよい国土で将来に不安なく、豊かに暮らしていけることである。そのためには都市集中の奔流を大胆に転換して、民族の活力と日本経済のたくましい余力を日本列島の全域に向けて展開することである。工業の全国的な再配置と知識集約化、全国新幹線と高速自動車道の建設、情報通信網のネットワークの形成などをテコにして、都市と農村、表日本と裏日本の格差は必ずなくすことができる……。日本列島の改造こそは今後の内政のいちばん重要な課題である」

何と斬新で的確な指摘であろう。まるで現代の日本が直面している病状への処方箋ではないか。これを田中は既に約四十年前の昭和四十七年（一九七二）の時点で唱えていたのである。

述べるまでもなく、今、日本は病んでいる状態だ。関東への一極集中はとどまるところを知らず、地方の過疎化にいっそう拍車がかかっている。太平洋側と日本海側との生活格差は昔よりも悪化した。福島第一原発事故で日本列島が麻痺し、放射能汚染で世界の厄介者となった。田中以来のこの四十年間、いったい政治は何をしてきたのだろうか。党利党略に明け暮れる政治家たちは、田中が唱えた処方箋のかけらでも実行してきたのか。何千人もの国会議員が半世紀にわたり政治を行ってきたが、そのうちの一人でも、田中ほどの洞察力と実行力をもつ人材が現れなかったのは、国として不幸なことであった。

日本列島改造論は九十一万部の大ベストセラーとなった。しかし皮肉なことに、田中は佐藤内閣時代から放置されてきた紙幣の過剰流動性に足をすくわれる。列島改造の思惑が重なり、地価が上昇しはじめるのだ。

田中が首相をしていたとき、大蔵大臣の福田はこの状況を「狂乱物価」と揶揄《やゆ》した。列島改造論がインフレに火をつけたとして声高に非難した。マスコミもそれに歩調を合わせ、田中は土地ころがしで儲けたいがために改造論をぶち上げたのだと攻め立てる。世論もそんな見方を後押しした。田中の崇高な理想は一切無視され、むしろ自己勝手な妄言として断罪された。田中の悔しさはいかばかりか。ひるがえって列島改造の必要性を痛感する今日、当時のマスコミと世論の責任は決して軽くない。

一年数ヵ月後の四十八年（一九七三）十月、未曾有の不運が起こった。いきなりオペックが石油の生産削減を発表し、オイルショックが勃発したのである。たちまち地価や物価の急騰が起こり、当時、首相になっていた田中は断腸の思いで持論から一時撤退せざるを得なくなる。

（ここはしばらく休止だ。改めて出直そう）

だがその思いはかなわない。はからずもその一年ほど後にロッキード事件に巻き込まれ、首相の座から降ろされるのである。かくて田中の夢はもろくも挫折することとなる。日本再生は、夢のまた夢に終わった。今、振り返れば、後世の日本にとって大きなチャンスを逃した歴史上の一ページといえよう。

さて、話は少し前にさかのぼる。世論というのは気まぐれである。列島改造論をひっさげて総裁選に登場した田中に、絶大な拍手を送った。インフレ基調ではあるが、いや、それがゆえに景気もいい。それに加えて田中の力量だ。わずか三ヵ月で繊維問題を片付けたその手腕に期待が集まった。

そんな昭和四十七年（一九七二）七月五日、総裁公選の決選投票が行われ、田中が福田赳夫を破って第六代自民党総裁に選ばれた。続いて翌日の国会で首班指名を受け、五十四歳の若さで六十四代内閣総理大臣に就任する。

田中の人気はすさまじい。小学校卒の男が天下の総理大臣の座に駆け上ったのだ。マスコミはこぞって「今太閤」の称号を贈り、成り上がり者が得た果実の大きさを素直に賞賛した。太閤豊臣秀吉の天下取りになぞらえるほどの入れ込みようだ。

七年八ヵ月もの長期にわたった佐藤政権に、よほど飽き飽きしていたのだろう。「決断と実行」を掲げる若い田中に期待した。田中の記憶力の良さと実行力を「コンピューター付きブルドーザー」とか、小学校卒で土建屋上がりの経歴から「庶民宰相」などと呼び、これ以上ないという限度まで持ち上げた。

　田中はあっけらかんとした男である。恨みとか妬みという、人間として当然もっている負の感情を欠いている。あれほどまで佐藤が福田を推したのに、佐藤を恨む気は毛ほどもない。秘書の早坂茂三にこう話している。

「佐藤さんが福田君を推したのは事実だけど、これは単純に割り切ればいいことだ。俺は福田君より十三歳も若い。佐藤さんにしてみれば、今、無理しなくても、いずれそのうちなれるよと、思っていたんじゃないのかな」

「だけど、毛並みも関係あったと思いますね。何しろオヤジさんは……」

「まあ、それはあっただろうな。一高、東大、大蔵省の出身者に対する信頼感というものがね。でも俺は気にしていないよ。佐藤さんにも福田君にもね」

　田中は人の悪口を口にしない。見え透いたお世辞も言わないが、人を批判しないのだ。いばることもない。とりわけ立場が弱い役人にはいつでもどこででも、同じ目線で気さくに応じた。運転手や守衛、料亭の下足番の人にも細やかな気配りをする。人間対人間の真摯《しんし》な付き合いを自然のうちにしている。人に自分を大きく見せようという気もない。それは自分自身に自信があるからだろう。いつも自然体なのである。叩き上げの苦労人のみがもつ強みなのかもしれない。これは福田にはない気質であった。

ただ悪口を言わない、というのには彼なりの打算があった。

「政界でも実業界でも同じだけど、敵の数をできるだけ減らすことが肝要だ。自分に好意をもってくれる広大な中間地帯を作っておく。そのためには人の悪口は絶対に言っちゃいけないよ」

身近な秘書や運転手などにも常々そう言い聞かせていた。


首相に選ばれた直後、田中は記者会見をもった。そこで二つの政策を公言する。国民への厳粛な約束であるとともに、自分自身へもたがをはめる意図があった。逃げ口をふさぎ、実行に邁進するためのたがである。

一つは当然のことながら、内政としての「日本列島改造」だ。書類も見ずに具体的な数字をぽんぽんあげながら、分りやすく青写真を示す。田中の最も得意とする分野だ。なまじっかな建設省などの役人よりも詳しい。出席者の誰もが納得顔でうなずいている。ところが二つ目の外交の公約に入ったとき、場の雰囲気が変わった。いっせいにざわめきが狭い部屋をうずめた。動揺が見てとれる。日中国交回復に触れたからだ。記者たちは聞き間違いではないかと、改めて田中の目を凝視した。

「確かに異論はあるでしょう。しかし日本の将来を考えますと、この日中国交回復は避けて通ることができません。困難な課題ではありますが、内閣の総力をあげて取り組む所存であります」

きっぱりと言い切った田中の顔には高揚した赤みがさしている。だがそれと対照的に記者たちは、いぶかしげに眉をひそめた。

（いったいそんなことが出来るのか）

半信半疑というよりも、はったりをかます大ほら吹きを見つめる侮蔑《ぶべつ》の眼差しである。国交回復が必要だということは認めるが、出来もしないことを公言する新首相に唖然とした。質問が相次いだ。

「日本は台湾政府との関係が深い。それを断絶して中国へ走るなど、不可能ではないのか」

「岸さんをはじめ、佐藤前総理や灘尾さん、椎名さん、福田さんなど、こうした親台湾派を果たして説得できるのか」

「こんな大それたことをアメリカが許すとは思えませんな」

等々、悲観的な見方を矢継ぎ早に浴びせる。が田中は動じない。切れるような鋭い眼光で胸を張り、謙虚さを忘れない丁寧な口調で答える。

「中国、アメリカ、ソ連など、世界情勢は激動しています。そんな中で日本の生きる道は平和外交の推進しかありません。しかも中国は日本の隣国なんです。もし日本が真剣に平和を目指すなら、中国との国交回復は必然的なものでしょう」

自信があるわけではない。しかし日本の将来を考えた場合、戦争ではなく平和を選択するのに迷いはない。軍隊ではなく、心を通わす対話の絆で繋がなくてはならぬ。その固い信念が田中を鼓舞し、先が見えない冒険に向かわせていた。

田中はいつも機関銃顔負けの速さで言葉や方針を連発するが、根は慎重な男である。この日中国交回復についても、内部で事前に議論をし、調査をしている。その結果、成否は五分五分である。だからこそ五分の可能性がある今、突っ走らねばと考えた。あくまでも国益が頭の中心にあり、失敗した時の非難や責任追及などは歯牙《しが》にもかけていない。そんな内向きの姿勢では国民を守る大将の資格はないと、自分で決めている。それほど内閣総理大臣の座を誇りに思っていたということか。

平和主義の田中はかねてから隣国中国との不安定な関係を憂えていた。単に平和を希求する観点からだけでなく、十億人という広大な商品マーケットとしても魅力を感じた。経済人からスタートした田中には、むしろ後者の理由が大きな位置を占めていただろう。資源のない日本が発展するには工業製品を輸出するしかない。それを受け入れてくれるのが隣に住む中国人なのだ。

その並々ならぬ熱い思いは、彼の勉強癖も加わって、本格的な情報収集へと進む。それは通産大臣になる前の幹事長時代にはじまった。

当時、外務省内では「二つの中国」論、つまり北京政府と台湾国府の両方を認める考え方が圧倒的に有力だった。駐米大使の牛場信彦を筆頭に、中国課内の官僚でさえその空気が強い。岸などの重鎮をはじめ、現役閣僚でも福田など、親台湾派が幅をきかせている。台湾切り捨てなど、とても不可能な雰囲気だった。

一方、中国の方針は終始一貫していて、二つの中国を認めていない。中華人民共和国こそが中国を代表する唯一の合法的政府だと主張していた。もし日本が中国に接近したいのなら、その主張を認めなければならない。それは即、台湾を怒らせる行為なのだ。

福田は、信義に熱い上州人だった。戦時中、日本の勢力下でつくられた汪兆銘の南京国民政府で、財政顧問を努めたことがある。汪兆銘を通じ、蒋介石のことは聞いていた。両者は敵になったり味方になったりして激しく時代を生きるのだが、その蒋介石が終戦直後に示した度量の広さに心を打たれたという。

戦争が終わったとき、中国大陸には大勢の日本人が残っていた。軍人百二十万人、民間人九十万人とも言われた。本来なら莫大な賠償金などの条件と引き換えに日本への帰還が認められるところだが、蒋介石は一切の条件を付けずに全員、本土へ送り返してくれたのだった。それもわずか十ヵ月の短期間に完了させている。この時の恩義を福田は忘れていない。台湾に借りがあると思っていたかどうかまでは不明だが、少なくとも裏切ってはならないと心に誓っていた。

一方、同じ頃に満州にいた日本人七十万人には悲劇が訪れた。帰還どころか、ソ連によって強制的にシベリアへ連行され、抑留されたのである。食事も乏しく、しかも厳寒の中での長期にわたる激しい強制労働で、多くの犠牲者を出したのだった。その事実を思い出すにつけ、福田ら慎重派はますます台湾への恩義の思いを強くする。

（その思いは俺も変わらない）

田中といえども、その気持ちは同じだ。台湾への恩義は痛いほど理解していた。少なからず福田と共有しているつもりである。

ただ自分は政治家なのだ。そうである以上、政策決定にあたっては個人の感情は殺さねばならないと、いつも自分に言い聞かせている。あくまでも国民の利益が行動の原点にあらねばならない。自己の損得や保身、恩義、好き嫌い、妬みなどから解放された、政治家としての理性である。その理性が日本国民の幸福追求のために行使されるなら、たとえ自己の政治生命と身体的生命が抹殺されてもいとわない。その覚悟は出来ている。中国問題という巨大なハードルを越える覚悟は、すでに出来ている。

その実行のためにも、総理大臣を目指しているのであるし、日々、その努力を怠ったことはない。政治家としての覚悟は田中のなかで熱いマグマとなって燃えていたのだった。

(内閣総理大臣の椅子の重さとはそういうものだ)

その基準に照らせば、中国への接近にもはや迷いはない。幹事長職という多忙のなか、田中は精力的に勉強会をもった。

当時、外務省のアジア局に橋本恕という中国課長がいた。外務省内は親台湾の「二つの中国」論派で占められていたが、橋本は違った。一国承認を唱える筋金入りの国交回復論者であった。課内会議はいつも決裂した。橋本は言う。

「皆さんは二つの中国論で国交回復を目指しておられる。しかしこれでは中国は絶対に交渉に乗ってきませんな」

「そうと決めたものでもないでしょう。国益を考えれば、台湾との国交断絶はあり得ません。第一、アメリカが認めませんよ」

「そうだろうか。アメリカのことは別として、国益を考えればこそ、中国との国交回復が必要なのです。そのためには一国承認を……」

会議はいつも堂々巡りで終わる。

そんな空気を田中は秘書の早坂茂三と麓邦明から聞いていた。或る日、二人を橋本のところへ走らせ、ひそかに目白の自宅に招いた。

田中には人の本性を直感的に見抜く力があるし、それに賭ける勇気もあった。橋本の一徹な性格を見抜いていた田中は、政治家にありがちな回りくどい言い方は捨て、率直に自分の考えを述べた。橋本もそんな田中の気さくさと純粋な熱意に意気を感じた。官僚とは思えないほどの積極さで意見を具申した。

「私が日中国交の見取り図を書きましょう」

と言って、田中を信頼できる政治家と見込んだうれしさを素直に顔に表した。この瞬間、二人は固い絆で結ばれたのだった。

以後、田中は秘密裡に橋本との会合をもち、情報を積み上げていく。通産大臣になり、繊維で多忙を極めていた時でもたびたび会っていた。時には政策の参謀役である重鎮の愛知揆一も参加する。

そんなときキッシンジャーが突然、中国を訪問し、ニクソン大統領の訪中決定を発表したのだった。橋本らは絶句したが、田中自身はむしろ「得たりやおう」（しめた）という顔をし、キッシンジャーの英断を喜んだ。気持ちに弾みがついた。

「いよいよ号砲が鳴ったな」

しかもそのスタートの号砲は、反対するであろうアメリカが鳴らしてくれたのだ。これで走りやすくなる。

「よかった。これで日本は救われるな」

と言って、扇子をせわしげにぱたぱたさせた。

「さあ、国交回復のチャンス到来だ。先方には十億人もの人がいるんだよ。たとえ手ぬぐい一本を買ってくれても、十億本になるんだからね」

そうは言ったものの、今、自分は繊維交渉の真っ最中の身だ。とても中国に関わっている時間はないし、またその権限もない。

にもかかわらずしつこく関わり続けるのが田中の真骨頂か。こうと食らいついたらなかなか離さない。すぐに公明党の竹入委員長の顔を思い浮かべた。

田中と野党の竹入は個人的に太いパイプでつながり、気脈を通じあっていた。国益という観点から、中国問題についても同じ意見をもち、たびたび情報交換をしている。橋本が田中の右手とすれば、竹入が左手の役割を果たしていた。竹入はこれまで中国要人とは何度か会っており、トップクラスとのコネもある。まだ四十五歳の怖いもの知らずの熱血漢だ。

（竹入さんに中国へ飛んでもらおう）

田中の行動は素早い。以心伝心である。竹入はスケジュール調整を終えると、その月の二十五日には北京入りした。そこではじめて周恩来首相との面談をとりつけ、国交正常化についての議論をした。竹入のずけずけ言う物怖じしない態度が気に入ったのか、周恩来は本音を告げたと言われている。それからも竹入はたびたび周恩来に会っている。

やがて日は過ぎ、サクラメントの日米首脳会談から一ヵ月半余り経った昭和四十七年（一九七二）二月二十七日のことだ。ニクソンが電撃訪中し、周恩来首相と会談して米中共同声明を発表した。アメリカにはたびたび驚かされているはずなのに、世界は又もやショックを受けた。そしてそれを機に、アジアを覆っていた東西対立の構図が崩れ出す。米中の共存を軸にした新しい秩序の形成に向かいはじめるのである。

（思ったよりも早いな）

台湾を抱えるアメリカがそんなに素早く動くとは、想像もしていなかった。田中の胸に焦りが走る。一方、日本の動きはまるで千畳敷の石畳のように静止したままだ。このままでは間違いなくアメリカに先を越されるだろう。そうなれば日本の出番は難しくなる。大国アメリカと決着したら、中国はもはや日本に用はなかろう。それが怖いのだ。交渉というのはまさにタイミングなのである。それを失したら、いくら崇高な理想であっても、実るのは難しい。

（だが通産相の俺に何ができるのか……）

またもや無力感が込み上げてくる。繊維問題はようやく片づいたが、肝心の日本にとって最大課題の日中国交回復問題が置き去りにされるかもしれない。あってはならないことだ。そのためにもこのたびの総裁選には必ず勝たねばならない。ライバルである福田の顔が瞼に浮かぶ。台湾に対する彼の一途な気持ちは理解するけれど、同じ政治家なら、日本の国益という高い立場から判断してほしい。

田中はもう待てなかった。せっかちな性格だからというのではない。周到な作戦の一環として行動に出た。

（今がその時期だ）

日中関係について、ほんのさわりだけでもいいから、自分の考えを示しておこうと思ったのだ。小さな賭けだが、この賭けは勝てそうな予感がしている。

三月二十三日の衆院予算委員会がその場だった。志を同じくする同じ自民党の川崎秀二と事前に打ちあわせ、通産大臣である自分に日中関係について質問をさせている。その中で田中はこう答弁した。

「日中関係の正常化には大前提があります。それは日本が中国に対して大きな迷惑をかけ、心からお詫びするという気持ちを表すことであります」

出席していた議員たちは「ほう」という不満気味な驚きの表情をした。台湾派はもっと露骨である。謝るとは何事かと、同じ政党なのに野次を飛ばした。だが田中はそこまででとどめ、本音を言わなかった。これで十分なのだ。次期総裁候補として、国交回復に対する基本姿勢を明示したつもりである。それは明らかに福田を意識したものであり、同時に自分の信念の初めての対外発信でもあった。

マスコミは田中発言を大きく報じた。外電も同様に報じたが、誰もまだ田中の本心を知らない。まさかその半年後に北京へ乗り込んで、国交回復を成し遂げるとは夢想だにしなかった。ただアメリカにいるキッシンジャーだけは違った。ますます田中への警戒を強めていたのだった。


そして、七月六日に田中内閣が成立する。そこで田中は内政と外交の二大方針を公約し、外交については中国との国交回復に邁進することを宣言した。それからの田中の行動はまるでフルスピードの機関車だ。橋本、竹入、大平外務大臣など同志の政治家や官僚らを総動員する。情報収集はもちろん、党内調整、野党対策に奔走するかたわら、自らも自宅で深夜、必死で報告書を読み込んだ。不眠不休ではあるが、疲れなどを感じる暇はない。秘書も付き合わされている。

或る夜、秘書の早坂茂三が、

「なぜそんなに急ぐのですか」

と尋ねた。田中はニヤッと笑い、得たりとばかりに膝をたたいた。

「そこだよ、そこ。日中問題は最難関だ。ちっとやそっとで解決できるもんじゃない。だから今なんだよ」

「というと？」

「総理大臣というのはな、就任した時が一番、力がある。世論の後押しがある。ここで一気呵成に成し遂げなければ、もう出来るチャンスは永久に逃げてしまう」

実際、総理大臣就任当初の世論調査では、歴代内閣では最も高い六十二％の高支持率だった。

田中が常々言っている、外交とはタイミングだ、ということか。早坂はうなづきながら、次の言葉を待った。

「それは相手も同じさ。毛沢東と周恩来。この二人は死線を何十回、何百回と越えてきているつわものだ。会社でいえば創業者みたいなものさ。彼らが元気なうちに決めなければな。それに、アメリカが先にやってしまったらどうなる？　日本はもう用済みになってしまうじゃないか」

「それにしてもオヤジ、体には用心して下さいよ」

「なあに、これしき。命を張ってでも、やりぬくさ」

右翼が不穏な動きをしているのだ。街宣車が一日中走り回っている。

「国賊　田中角栄　大恩ある台湾を切り捨てた男」

そんなアジ演説が高音のマイクから流れ、電柱や看板などにもビラが張られた。国会内でも激しい妨害と抵抗に出会う。岸信介や灘尾弘吉、福田赳夫ら親台湾派の勢力は勢いづき、

「まさかお前さん、やるまいな」

と半信半疑を隠さぬまま、不安にかられて反対の気勢を上げた。

そんななか、田中の訪中準備は着々と進む。公明党の竹入委員長が田中、大平外相との事前協議の後、中国を訪れ、八月三日に帰国した。翌日すぐに両名を訪問し、周恩来との会談について報告する。そこで中国側の考え方をまとめたメモを手渡した。いわゆる「竹入メモ」とよばれるものである。

そこに書かれた条件は、「中国が唯一の合法政府であることの確認」、「日台条約の破棄」、「今、存在する日米安保条約は不問にし、交渉とは切り離す」、「中国は日本に対する賠償請求権を放棄する」等の内容だ。

田中は何度も読み返す。安保条約の黙認と賠償請求権の放棄は想像以上の中国側の譲歩である。うれしい驚きだった。だが本当に中国側はそこまで譲歩するのだろうか。疑い出せばきりがない。

しかし、そのために自分は交渉に行くのではないか。田中は思い直した。メモをテーブルに置くと、竹入の手を握り、その粘り強い交渉に感謝の頭を下げた。これなら親台湾派の説得も可能かもしれない。いや、必ず説得してみせると、竹入に言った。

「これだけの好条件です。日本として、とても拒否などできませんよ」

「だと思いますね。ま、説得ができたら、あとは訪中のタイミングですな」

ところがその訪中機会は意外に早く訪れた。日中友好協会副秘書長の孫平化が七月初旬、上海歌舞劇団の団長として来日した。一ヵ月余りの興業の後の八月十五日、お膳立てが整ったのを見届けたところで田中と会っている。周恩来から田中の訪中を促す旨の密命を受けていたのだ。すべて橋本恕が描いたシナリオの通りである。

外交というのは表の交渉以上に裏のやりとりがカギを握る。真正面の丁々発止《ちょうちょうはっし》も必要だが、それは最後の詰めの段階である。むしろそこへ行くまでの秘密の駆け引きが重要なのだ。田中は橋本の助言もあるが、そのことをよく熟知していた。世間からせっかちと言われる男だけれど、忍耐の心得も備える真の戦略家であった。

日本の現職首相が中国の要人と公式会談したのは、これが最初となった。微妙な時期でもあり、会談場所は公式なところは避け、目立たない帝国ホテルになった。大平外相でさえ同席を控える気の遣いようだ。出来るだけ相手の本音を引き出そうというのが田中の狙いである。

部屋は華麗な装飾を排し、地味な絵画と陶器、そしてそれらと対照的なほど明るい花々を配してある。さすが百戦錬磨の人生の場数を踏んできた田中も、緊張が体の芯から滲み出てくるのを抑えるのに苦労する。失言は許されないのだ。話の合間合間に、相手に気づかれないよう丹田で深い呼吸をして身を引き締めた。

孫は背筋を伸ばした丁重な姿勢で、日本国首相田中角栄を中国へ招待したいとの周恩来からの伝言を伝えた。穏やかな口ぶりだが、終始、田中の目から針のような視線を離さず、相手の目の奥にある思考の動きを見逃すまいという気迫が満ちている。

(互いに真剣勝負の瞬間なのだ……)

孫も自分と同じように緊張している。そう思うと、田中のなかにふっとまるで同志に対するような余裕が生まれた。

「貴国へのお招き有難うございます。ぜひ近くお伺いしたいと思います」

孫はそんな田中に深々と日本式に一礼し、

「承知致しました。訪中の日取りですが、確定しましたら、中日双方で同時発表をしたいと考えています。いかがですか」

「いいお考えです。まったく異存はありません。十月一日の国慶節前後を含みに、公式に訪中したいと考えています」

そして、周恩来首相との会談で日中国交正常化を確立したいと意思表示をしたのだった。当初、二十分と予定されていた会談だったが、最初の上海歌舞劇団の話題が長引き、これは良好な滑り出しを意味するのだが、結果的に一時間以上に大幅延長された。ここからも話の進展ぶりがうかがえ、先ずは順調である。

田中は気をよくした。事務所へ戻っても、自派議員や秘書を相手に自然と饒舌になる。まるで大試合に臨む直前のスポーツ選手のように、胸が割れそうなくらいの期待と、果たしてうまくいくのだろうかという不安に揺さぶられながらも、もう船は出港したのだという、前向きのけじめに身を任せるうれしさをかみしめた。

（その意味では今回、いい経験になったな）

孫との会談は、中国人との交渉をはじめるにあたり、何かを学んだような気がした。心構えというのか、議論の呼吸というのか、理論的には明確化できないけれど、何だか度胸という栄養分が体の奥に滲み出てくる快さがある。

訪中時期が近づくにつれ、田中の身辺はますます危険になった。街宣車の騒音はもう動く嵐となって山手線内の街じゅうにこだまし、「田中を殺せ」のスローガンが右翼構成員のあいだを駆けめぐる。物騒な合言葉だ。田中が乗る車が信号待ちをしていると、いきなり右翼が前面に躍り出て寝転ぶ。「田中に会わせろ」と田中事務所に怒鳴り込んでくるのはまだいい方で、ナイフを持った男が現れたこともある。

田中が渋谷で街頭演説をしていた時だ。盛んに拍手を送る聴衆のなかに、辺りをきょろきょろ見回す不審な男がいた。数名の警官が素早く近づいて取り囲み、押し出すようにして横にある駅構内へ連れ込んだ。職務質問をすると、手にした新聞紙に刃渡り三十センチの包丁をくるんでいたという。だが田中に怯む気配はない。

「これだけの大仕事だ。命が惜しくて出来やしないよ」

覚悟を決めた落ち着きさえあった。生きて帰れないかもしれぬという思いは、恐れではなく、逆に前進への踏ん切りとなっている。

懸念していた国会内の反対派もどうにかなだめることが出来た。

「まさか本当に中国へ行くとは……」

彼らはいまだにその感情を引きずりながらも、一方で「うまくいくはずがない」という高をくった安心感も同居させていた。それというのも台湾への働きかけが功を奏していたからだ。アメリカも後押ししてくれている。日台の絆はとてつもなく強い。田中もそのことを知らぬではないが、今は走ることしか考えていない。

後日談になるが、福田赳夫は田中が日中国交回復に踏み切ったことに関し、周囲に率直な驚きを吐露している。

「田中首相には驚いた。組閣後わずか二ヵ月くらいで北京に出向くとはねえ。夢にも考えなかったよ。もう少し諸般の環境調整をしてからだろうと見ておったのだが、彼はやってしまったよ」

ことほど左様に田中の打つ手は的確かつ迅速だった。台湾派に対する意表をついたタイミングといい、外交交渉を開始する熟《う》れ時の見極めといい、田中一流のカンの冴えを思わせる。もし総裁選で田中が福田に負けていたら、日中国交回復はどうなっていただろう。たとえあったとしても、何十年も後のことだったかもしれない。ひょっとして今のロシアと同じようにいまだに回復していない可能性もある。歴史は日本にとって、ベストなキャストを配剤してくれたといえよう。

前進また前進の田中だが、アメリカのことを気にしなかったわけではない。むしろ大いに気にかけていた。牛場駐米大使の話では、キッシンジャーが日本の姿勢に懸念を隠さず、断念するようしきりに圧力をかけてくるという。それをバックに、大使は台湾との断行は百害あって一利なし、とまで言い切った。キッシンジャーもそうだが、牛場も牛場だ。田中首相にたてつくかのようにワシントンでこう記者団に語っている。

「中国が国交正常化の前提にしている日中復興三原則ですが、これは認めるわけにはいきません」

これを知った田中は吐き捨てるように秘書らにこぼした。

「まいったな。あいつはどっちの味方なんだ。日本国の大使なら、日本の国益のために行動して当たり前だろう。それをアメリカの尻馬に乗って……」

外務省がアメリカの前線基地だとは思わない。だが最高司令官である総理大臣に公然とたてつく外務官僚たちの気が知れない。意見具申はしても、採用の可否を決めるのは俺ではないか。田中の不満は鬱積する。

（いやいや、短気は禁物だ）

ここは自重するに限る。これ以上、アメリカ政府の機嫌を損ねるのは得策ではない。もうすぐ北京入りなのだ。そう言い聞かせて自分を抑えている。

田中の頭のなかにあるのは一つ。日本がアメリカより先に国交回復をはかるということだった。ニクソンが訪中したのが半年ほど前であり、いつまた電撃訪問するかしれない。そうなってはおしまいなのだ。

だからといって、自分が行っても、回復の成否は五分五分だろう。何しろ相手は共産国なのだ。見えない闇が奥深い。あとは出たとこ勝負と言ってしまえば無責任だが、自分には織維交渉で得た自信というか、駆け引きの経験がある。人に話すと自慢に聞こえるので言えないけれど、これは強みだと思っている。

肝心のアメリカの嫌がらせだが、これは多分、あるだろう。それだけが気がかりである。国交回復によるプラスの国益と、嫌がらせによるマイナスの国益と、どちらを取るかだが、答えるまでもない。アメリカは自分が先に走るのはいいのだが、日本がそれをするのを嫌がる。いかにも身勝手な態度ではないか。それが国対国の力関係だといってしまえばそれまでだが、そこをうまくしのいで、日本のために得点をあげるのが総理大臣の務めではないのか。そのために自分はここにいる。深夜、ふと弱気になるとき、そう自分を鼓舞するのだった。

とはいうものの、このまま黙って出発するのはリスクが大きすぎる。一応、形だけでもいいから、日米首脳会談をもっておくべきだろう。事前了解を得るというプロセスは踏まねばなるまい。そう考えて外務省にハワイ会談をセットさせたのだった。だがその準備のためもあり、八月にキッシンジャーが来日して、自分と事前会談することになっている。

その頃、海の向こうのキッシンジャーはどうしていたか。田中への次第に積み上がる怒りの感情を心の奥でもてあましながらも、一応、ニクソンの前では抑えていたのではないか。ニクソンは繊維問題と列島改造論で田中には好意を抱いているようなのだ。しかしキッシンジャー自身は、長年、外交に携わってきた人間として、どことなく田中の言動に危険な匂いをかいでいたと思われる。彼の常套手段だが、ＣＩＡなどの防諜機関を最大限に使って田中の動向を調べていた。調べるだけではなく、積極的に行動もしている。

近年、米国務省の資料が情報公開され、田中についての極秘ファイルが明らかになった。

当時の駐日大使インガソルが本国へ田中の報告をしている。

「田中首相は、その経歴や性格、考え方の点で戦後日本における歴代首相とは明らかに異なったタイプの人物である。彼の師である佐藤前首相とは全く対照的な率直さの持ち主だ……。アメリカとの密接な関係維持の重要性を強調しているけれど、アメリカに対する態度はプラグマティック（実利的）なものであり、古い世代の政治家たちの特徴である感情的要素や師弟関係的な考えは、あまり持ち合わせていない……。田中は基本的には理論家ではなく問題解決型である……。もし佐藤なら地雷原の境を非常に用心深く迂回していくだろうと思われるが、田中は目標までの最短の道筋が何であるかを認識した上で、まっすぐ進んでいく可能性が高い。彼のやり方は風爽としていて最終的に大きな成果を手にする可能性がある一方で、彼の政権に予期せぬような結末をもたらすかもしれない」

キッシンジャーが田中についての報告書を読んだ時の心境は推測できる。個性のある政治家の出現に、やりにくいと思ったに違いない。何でも「イエス・サー」で応じてきた歴代首相と違い、自分の考えを持っている。まだ通産大臣のポストにいた時分だったが、その頃から何をしでかすか分からない不気味さがあった。そしてその危惧は当たった。もつれにもつれた繊維交渉をあっという間にまとめ上げ、タフなネゴシエーターぶりを見せつけた。アメリカの方針にいちいちケチをつけ、はったりをかまし、最後にはどんでん返しのように決着に導いた。

これだけではない。それに輪をかけた不快な出来事はその後の総裁選だ。望んでいた福田ではなく、田中が首相に選ばれた。そのため、もっと深刻な危惧が誘発されることとなった。それは日中の関係を改善するという公約である。

ひょっとして、という気もあり、この動きは通産相時代からCIAを使ってフォローしてきた。心配した通りだ。竹入公明党委員長に中国要人とコンタクトさせたり、外務省の橋本恕を走らせたり、着々と布石を打っていた。そして今回、アメリカの鼻を明かすかのように、とうとう中国へ乗り込むという。敗戦国の小国日本が先んじて中国と国交を結ぶとはけしからんことだ。しかもそのカモフラージュのためにハワイ会談まで持ち出した。身の程もわきまえない、何をしでかすか分からない男……。

キッシンジャーは放っておけないという気持ちになったに違いない。肌の黄色い東洋人で、しかも教養のかけらも備えていない人物が、超大国アメリカの出鼻をくじく。こんなことは断じて許すわけにはいかない。

この心の流れは、以後に起こったロッキード事件の捏造《ねつぞう》へと連なっていったのではないか。まだこの時点ではキッシンジャーもそこまで見通していたわけではなかったが、無意識のうちに大胆な策謀の礎が築かれていったと考えられる。

八月十九日の軽井沢。暑い夏の盛りだが、深い木々の緑が乾いた目を涼ませる。風鈴の澄んだ音がかえって静寂感をかもし出している。田中は万平ホテルの広い庭園の奥まった一室でキッシンジャーと対面した。江戸時代に旅籠《はたご》屋として創業し、明治期には軽井沢の鹿鳴館とも呼ばれた老舗の高級ホテルである。田中の気の遣いようがうかがわれる。

主要議題はハワイの首脳会談に備えたもので、表向きは日米貿易不均衡問題である。当時、日本の対米黒字はうなぎ上りに増えていた。一九七〇年頃までは毎年数億ドル単位だったのが、七一年には二十五億ドル、七二年には三十億ドルを軽く突破する勢いだった。日本は待ったなしの解決を迫られていた。

田中は相手の顔色をうかがいながら、用心深く言葉をつなぐ。

「その点は私も憂慮しておりまして、今、貴国からの緊急輸入について、鋭意、検討中であります」

と言って、濃縮ウランや民間航空機、農産物などの特別購入をあげた。想定している具体的な数値も示し、その線で可能かどうか、ハワイ会談までに詰めておきたいと意思表示をした。

「すぐにでも法眼晋作外務事務次官に貴国のインガソル大使と詳細を検討するよう指示しましょう」

キッシンジャーは満足そうな顔も見せず、再度の念押しをして次の議題に移った。

中国問題である。微妙な事項でもあり、田中はこのことに深く触れたくない。しかし突然の裏切りと受けとられないために、示唆《しさ》だけはしっかりとしておきたいと思った。数日前の孫平化との会談内容はすでに新聞発表されているし、その程度の情報開示はむしろ率先して行った方がいいだろう。ただ国交回復するという固い決心だけは、まだ明らかにすべきではない。もう少し時間が必要だ。田中はそう考え、キッシンジャーと対峙した。

キッシンジャーは表情を変えず聞き入っていたが、田中の決意と自信にまだ迷いがあるのを認めたのか、露骨な反論はしなかった。ひょっとしたら今、マスコミや台湾派の政治家に行っているCIA工作員の活動が、功を奏する可能性もある。そんな期待もあったのかもしれない。ただ、したたかなこの男のことだ。田中という人間をじっくりと観察したことだけは確かであろう。

外交の専門家を自認するキッシンジャーは、自らが率先してCIA活動を取り仕切った。当然、田中は最重要の注目対象で、目を離せない。日中国交回復などというとんでもないことに突き進もうとする田中は許せないと思っている。その当の田中とニクソンとのハワイ会談がすぐそこに迫っていた。


昭和四十七年（一九七二）八月三十一日と九月一日、ぎらつく高い陽光と真っ青な大空を背にしたハワイのクイリマホテルで、田中とニクソンの首脳会談が開かれた。最初は田中、牛場駐米大使とニクソン、キッシンジャーの四人であったが、後で大平外相とロジャース国務長官が加わった。主眼はアメリカが求める日本の対米貿易の不均衡是正であるが、田中はむしろ中国接近への事前了解を取りつけることの方に気をもんでいる。

貿易問題はほぼシナリオ通りで合意にこぎつけた。日本は貿易収支改善のためにいっそう努力をし、その一策としてアメリカから七億一千万ドルの緊急輸入を行う。その目玉商品に、日本の民間航空会社による三億二千万ドルの航空機を輸入するというものだ。田中にとってその前座は一先ず終わった。

ここで一つ明確にしておきたいことがある。それは後にマスコミが報じた或る意図的な誤解についてだ。民間航空機購入に関してである。田中がロッキード社の航空機を全日空に買わせるとの示唆をした、とされた。そしてそれをハワイ会談で確約したというのである。

田中は万平ホテルでもハワイ会談でも、そんな示唆はしていない。後にロッキード事件の法廷ではっきりとそう証言している。内閣総理大臣の椅子というものの重みを知っている彼が、全日空という一民間会社の経営について、そんな非常識な約束をするとは、とても考えられないことだ。何らかの策謀があったとしか思えないのである。

(さて、次の議題はいよいよ日中国交正常化だ)

これが厄介なのである。田中はそっと相手から目を離し、心の準備を整えた。目立たないよう大きく息を吸い、吐き出した。冷房が十分に効いているというのに、無意識のうちにせわしそうに扇子をぱたつかせた。

声を抑制し、淡々と訪中スケジュールを説明したあと、目的に触れた。キッシンジャーの渋面が目に入る。眼光は鋭く、手ごわそうな面構えである。

(果たして手に負えるのか)

ふっと弱気が心の隙間に入り込む。だがすぐに追い出した。議論においては心の瞬時の空白が命取りになるのを経験で知っている。

小国日本に先を越されるのだ。相手の悔しさと怒りは分からぬでもないが、何としても事前了解を取りつけておかねばならない。たとえ形だけでもいいから、共同声明に盛り込まなくてはと、田中は意気込んだ。

キッシンジャーは不快さを隠そうともしない。嫌味なのかどうか、通訳が戸惑うほどの早口でしゃべる。田中訪中の意図と目的を何度も問いただす。しつこい男だ。元来、気の短い田中だが、人が変わったように根気よく応じた。

田中はネゴのタイミングを知っている。相手がなかなか納得の様子をみせないのを見計らい、コーヒーの残りを一口飲むと、用意していた言葉を切り出した。

「ご承知のように、中国との関係改善は日米両国にとってもプラスです。ニクソン大統領が半年ほど前に訪中され、共同声明を出されたのには我が国としても、大いに勇気づけられました」

そう言って、一呼吸置き、余裕を誇示するようにやや天井を見上げる仕草をした。だがそうする一瞬前に目の端で相手の表情を観察するのを忘れていない。

「正直申し上げて、大統領のあの英断には日本国民は皆、深い安堵と、それ以上に世界平和への希望を抱きました。日本にとっての今後の道筋を教えていただいたような気持ちでいます」

徹底的に持ち上げ作戦に出た。突破口を開いたのは貴国ではないか、と暗に突きつけた。その後ろ姿を日本が追っているだけなのだ。もしニクソンが訪中をしていなかったら、日本が中国へ接近することはなかっただろう。そう畳み込んだのである。いわば逆手をとったのだ。

　キッシンジャーはプイと横を向くと、両の手のひらを上に持ち上げ、仕方なしに同意する旨のジェスチャーをした。

（勝ったのだ）

　田中は安堵する暇さえ惜しむようにすかさず握手の手を差し出した。相手の気が変わらないうちに、握手の形で一同の目に焼き付けたかったのである。ただキッシンジャーが折れたのには彼なりの計算がある。今回の日中交渉は頓挫するのではないか。そんな期待が心の片隅にあるのかもしれない。そう田中は直感的に思った。なぜならキッシンジャーは自身の交渉経験から、中国の難しさを嫌というほど知っているだろうからだ。

　ところでこの日のキッシンジャーの不機嫌さを示す証拠の一つが近年明らかにされた。米シンクタンク「国家安全保障公文書館」が情報公開法に基づき入手したホワイトハウスの極秘文書がそれである。そのなかにハワイ会談について述べている個所があり、その会談の日、キッシンジャーは政権内の内部協議で、日本人をさげすむジャップという言葉を使って、不信感と敵対心を露《あらわ》にしているのだ。

「信頼できないすべての者のなかで、ジャップが他にぬきんでている」

　と中傷し、続けて「鶴見清彦外務審議官が私にひそかに会いたいと言ってきたが、会わないと伝えた」と肘鉄《ひじてつ》を食らわせたことを忌々しげに語っているのである。キッシンジャーはその時すでに田中抹殺の気持ちを醸成しはじめていたのかもしれない。そう考えるのが自然ではなかろうか。そうでなければ、高等教育を受けたエリートの口から、こんなジャップという下品な言葉は出てくるはずがない。

3　日中国交回復

訪中が迫り、九月に入ると、田中の忙しさに拍車がかかる。右翼の嫌がらせには慣れっこになっているが、刃物やピストルの脅威は予測がつかないから困る。車から降りるわずかな時間でも用心をした。だが怖れるものは何もない。高い理想は田中のなかで燃え、まるで殉教者のような高揚を覚えるのはどうしたことか。年甲斐もない自分の無垢《むく》さが、或る意味、うれしかった。無垢というよりも、責任の大きさへのやりがいとでも言おうか。田中はその心境を気が置けない秘書の佐藤昭子に吐露している。

「中国へは命懸けで行く。生きて帰れないかもしれん。でもな、命なんか惜しくはないよ。夜中にふと目を覚まして思うことはただ一つ、いつも国家と国民のことだけだ。岸さんもよく言っていたけど、この気持ちは総理大臣経験者でなければ、分からないものだと思う」

そんな心情を鼓舞するためなのか、田中は忙しい時間をやりくりして墓参りをした。吉田茂や池田勇人、鳩山一郎らである。もちろんその前に佐藤栄作には挨拶をすませているし、病床にいる石橋湛山も見舞っている。

佐藤ら秘書たちはこうも言われた。

「俺は日本国の総理大臣として行く。だから、土下座外交はしないつもりだ。国益を最優先し、向こうと丁々発止でやるよ。最悪、決裂するかもしれないけれど、そのすべての責任は俺がかぶるつもりだ」

覚悟の潔さが読みとれる。

昭和四十七年（一九七二）九月二十五日午前十一時半、北京の空はくっきり晴れ渡り、その深い青空の一郭から、田中らを乗せた日航特別機が白く輝く姿を見せた。全景がしだいに大写しになる。やがてゆるく旋回したあと、大きな機体を沈めるように着陸させ、轟音とともに路面を減速しながら滑っていく。

一行は大平外相、二階堂官房長官をはじめ、首相官邸の随員や外務省、警察庁職員など、総勢六十名ほどから成る大ミッションである。飛行機のドアがあき、片手を上げた田中がまぶしそうな目でタラップを降りてくる。空港に一斉に歓声が湧き起こる。君が代と義勇軍行進曲の演奏がはじまった。

周恩来は急ぎ足で近づき、田中と固い握手を交わす。何度も上下に振りながら、二人は歴史的な瞬間の到来を確かめあった。

子供たちが赤い服を着、リボンを振り回しながら踊っている。その歓迎式典が終わると、田中がゆっくりと車に向かう。北京の空港に戦後初めて翻《ひるがえ》る日の丸の旗を見るうち、胸に一気に感慨が押し寄せた。この感慨は吉兆なのか、それとも破局の印なのかは分からない。その両方をはらんだまま、案内された車の紅旗に乗ろうとすると、先に周恩来が座っている。

北京の迎賓館まで同乗するという。後で分かったことだが、これは異例の歓迎ぶりを示していた。

早くも午後から第一回の会談がはじまる。

「これが人民大会堂か……」

田中らは大きな建物を見上げた。五千坪を超える会議場だと聞いている。部屋だけでも三百室を数える広さである。その威容さに圧倒されながら、北門から入り、その一室の「安徽省の間」に腰を落ち着けた。日本側の出席者は田中首相、大平外相、二階堂官房長官、吉田アジア局長、高島条約局長、橋本中国課長らで、一方、中国側からは周恩来首相、姫外相、寥中日友好協会会長らが出席した。

田中は腹をくくっていた。大平も同様である。成立したばかりの内閣だけに、もし交渉に失敗したら、潰されてしまうだろう。だが潰れたら潰れたでいいではないか。思い切りやるしかないのだと、心に決めている。

冒頭から会議は白熱した。田中も周恩来も、まるでこれまで議論をしてきたその続きででもあるかのように、無用な前論を省いて、いきなり核心から入った。会談にかける二人の意気込みがうかがえる。田中は単刀直入に決意のほどを述べた。

「いよいよ国交正常化の機が熟しました。私としては今回の訪中をぜひとも成功させたいと決意しています」

周恩来もそれに応える。

「おっしゃる通りです。国交正常化は一気呵成にやるのが大事です」

「しかし残念ながら、両国にはまだ解決すべき問題が多々、ありますね」

「だからこそ、中日は大同を求め、小異を克服すべきでしょう」

　そう言って、周恩来は日中の損害賠償問題に触れた。

「我々は賠償の苦しみをよく知っています。この苦しみを日本国民になめさせたくはありません。今日こうして田中首相が訪中され、国交正常化を成功させるとおっしゃいました。中日両国民の友好のために、我々は賠償放棄を考えています」

　田中は大きくうなずいた。竹入メモなどで事前に聞いてはいたが、そんな大それた決断を本当に中国がしてくれるのか、まだ半信半疑であった。だが周恩来は嘘をついていない。あっさりと明言した。信用のできる男だ。空港の第一印象でそうとは思っていたが、この男の前では下手な駆け引きはしない方がいいと考えた。思い切って、最大の課題である台湾問題を切り出した。

「率直に申し上げて、日本の政界や官界、国民のあいだに、台湾を支持する台湾派の人たちが大勢います。このグループをどう納得させるか、実に頭の痛い問題です」

　周恩来は大きくうなずいた。

「それは我々も同じですよ。この国にも反対するグループがいないわけではありません。戦時中、多くの中国人が日本軍に殺されました。その事実を皆が忘れているわけではありませんからね」

そう言って、日本は軍事大国になり、核兵器をもつ能力が十分ある、と鋭く突いてきた。探りを入れてきているのだ。田中は毅然と反論する。

「軍事大国になるなど、そんな考えは毛頭ありません。日本には非核三原則というのがあります。核など持てませんし、第一、憲法の制約からも無理です。軍事大国などにはなりません」

「……」

肯定なのか否定なのか。周恩来の沈黙は不安ではあったが、田中は続けた。

「台湾派はとんでもないことを大真面目で叫んでいます。それは、もし国交が回復したら、中国は日本に共産主義を輸出して、日本を赤化するんじゃないかと……」

「意味のない心配ですね。中国がこれまで日本の国土に攻め入ったことがありますか。何百年も前ですが、昔、元寇が九州を攻めたことがありますけどね。でも元は中国の国ではありませんでした」

「なるほど……」

周恩来は確信に満ちた黒い瞳で正面から田中を見つめなおした。

「共産主義という思想は人間が選ぶものです。革命の輸出なんて、出来ません。ご安心下さい」

これで日本の赤化は起こらない。この点も押さえた田中は順調な進展に気をよくした。台湾派が最も危惧していたことだからである。そのためにも、アメリカとの安保条約の存続を認めてもらわねばならぬ。

「私と同じ自民党内にも、台湾への思いが強い人たちが大勢います。右翼はその最たるものです。内実をさらすようですが、事と次第によっては、帰国後、私の生命は保証されないかもしれません」

殺される、ということだ。周恩来は小さくうなずいた。事前情報は十分に伝わっているのだろう。田中は熱い中国茶で一口、喉を潤《うるお》し、続けた。

「国交回復はぜひ成し遂げたい。しかし、台湾派への配慮もしなくてはなりません。どうしても譲れない線というのがあるのです」

「と言いますと？」

「アメリカとの関係です。日米関係にマイナスになるような形での国交回復は出来ません。安保条約の存続をお認め願いたい。安保は脅威じゃないということをご理解いただきたいのです」

それからも議論の応酬が続いたが、この問題でも周恩来は存続を認める。

（大した人物だ）

日本の主張が丸のみされたというのに、田中はうれしいという気持ちよりも、むしろ何だか大の大人に温かくいなされているような気分になった。中国人は駆け引きにたけて交渉上手というけれど、周恩来という人間を見る限り、それは当たらない。いや、当たらないというより、それを超えているのかもしれぬ。共産主義と自由主義という思想の違いはあっても、人間の価値は変わらないものだと、田中はそんな場違いの思いにとらわれた。

「残るは台湾問題ですね」

周恩来の言葉に田中は瞬時のわき道から本道へ戻された。これこそが中国がこだわっている最大の課題なのである。

「おっしゃる通りです。一つの中国なのか二つの中国なのか。この解決の仕方次第で今回の会談の成否が決まると言って、過言ではありません」

問題の核心は、「日中間に戦争状態が続いているかどうか」という点について、両国に解釈の違いがあることだ。日本は「もはや戦争状態ではない」と主張し、中国は「まだ戦争状態が継続している」と考えている。

その経緯はこうだ。時は昭和二十六年（一九五一）の朝鮮動乱にさかのぼる。アメリカはソ連と中国に対抗するため、対日政策を百八十度転換し、「弱い日本」から「強い日本」にしようと、対日講話条約の締結を急いだ。この講話条約の交渉の場で、ソ連と中国が反対する。そこでアメリカは、この二国抜きの五十二ヵ国と話を進め、日本はアメリカの方針に従う。国民党政府と日華平和条約を結び、これで中国との戦争状態が終わったと解釈するのである。

一方、中国は一貫して日華平和条約を無効とみなし続けていた。従って中国と日本との間にはまだ戦争状態が継続していると考えているのだった。

日華平和条約が有効なのか無効なのか。その見解の相違がネックとなっている。中国の主張は無効という点で明快だ。中国を唯一の合法的政府と認め、台湾は中国の単なる一省（台湾省）に過ぎないという認識である。そのためにも日華平和条約は廃棄すべきだと主張する。

この問題では田中は意図的にあいまいな態度をとった。中国を唯一の合法的政府だと認めることは明言するが、日華平和条約の破棄については言及しない。あいまいにぼかしている。田中らしくないと言えばそうなのだが、この問題はあまりにやっかい過ぎるのだ。もう少し熟成させるための時間が必要だと考えている。

というのは、同行している外務省の高島条約局長が、頑として同意しないからだ。田中が力づくで押し切ることは可能だが、高島の後ろに控えている大物政治家たちと駐米大使の牛場を逆上させるのは得策ではない。田中は周恩来を怒らせないよう注意しながら、肯定的な雰囲気を維持した状態で次の会談へと結びつけた。もちろん田中の考えははっきりしている。破棄に迷いはない。

会談終了後、二階堂官房長官は得意げに鼻をもじりながら、記者会見をもった。

「今日は日中双方とも、驚くほど率直な意見交換をしました」

「つまり、国交に向けて一歩前進したと考えてもいいのですか」

「一歩や二歩どころではありません。私たちは国交回復するつもりで、最初から話し合っているんです」

その気概や「よし」である。ところがその「よし」が、後で行われた周首相主催の歓迎夕食会で暗転するのだ。それは午後六時半から人民大会堂の「宴会庁の間」ではじまった。

大広間に七百人ほどが座る丸テーブルが配置され、中央の舞台正面のところに両国首相ら十五、六人用のメインテーブルが置かれている。

盛大な宴が友好ムードのうちにはじまる。メロディーが演奏されているのだが、何と日本の「佐渡おけさ」、「金比羅船々」、「鹿児島小原節」である。それぞれ田中や大平、二階堂の故郷の曲ではないか。三人は度肝を抜かれたが、感激に頬がくずれた。豪華な料理と酒にマッチし、和気あいあいの雰囲気が広間を満たす。後で分かったことだが、周恩来自らが演出した気配りだという。

事前に田中の秘書や橋本恕のところへ人をやり、田中の好物とか癖、それに汗かきの田中に適した部屋の温度など、詳細に調べて、準備をしていた。好物の「木村屋のあんパン」とバナナも用意された。もちろん日本側も土産物には気を配ったのは述べるまでもない。

そろそろ宴も終わりに近づき、周恩来が壇上に上がって、挨拶をした。そのあとを田中が受けて、手にもった紙片を見ながら、時に顔を上げて読み上げる。一区切りごとに盛大な拍手がわいた。なかでも彼らの関心は、過去の戦争について日本がどういう形で見解を表明するのかにあった。会場に異変が起こったのは、まさにそのことに田中が触れた時である。

「……我が国が中国国民に多大のご迷惑をおかけしたことについて、私は改めて深い反省の念を表明するものであります」

不快げなざわめきが会場を揺らした。周恩来も苦い表情を隠さない。演壇の田中もすぐに気がついた。どうしたことかと戸惑いながらも、演説を続けた。

問題はこの部分の日本側通訳の中国語にあった。「中国国民に多大のご迷惑をおかけした」というくだりを、「給中国国民添了麻煩」と訳してしまったのだ。「添了麻煩」の意味は、「遺憾」でもなく、「謝罪」でもない。道路脇の女性にうっかり水をかけてしまった時に言う、「済みません」という程度の軽い意味なのだ。

「日本はその程度の認識なのか」

「余りにも軽すぎる」

皆がそう感じ、会場のざわめきはおさまらない。田中本人の意図とはまったく違って受け取られてしまったのだ。だがもう遅い。周恩来は田中に率直に言った。

「中国人民に迷惑をかけたというあの言葉。間違いなく中国人の反感をよびます」

そう言って、横の中国官僚にまるで人が変わったように怒声を張り上げた。

「とても受け入れられるものじゃない。中国人は大勢、犠牲になったんだ。これは我々に対する侮辱ではないか」

怒髪《どはつ》天を抜くといわんばかりである。慌てた田中は通訳をはさんで本意を繰り返し説明し、懸命に弁解を試みたが、もう後の祭りだ。友好ムードではじまった歓迎会だったが、後味の悪い雰囲気だけを残して終わったのだった。

翌二十六日午前十時過ぎ。人民大会堂の「接見庁の間」で、実務者レベルの大平・姫両外相会談が開かれた。前夜からの暗いムードを引き継いで、しかし双方ともそれなりに改善の意欲を示しながらスタートしたのだが、ここで高島条約局長の発言をめぐって新たな問題が勃発する。中国を唯一合法政府というのは認めるけれど、「台湾は中国の一省である」という主張は認められない、と発言したのだ。相手の反撥を承知しながら、まるで蒸し返すようにこれまでのスジ論を公然と掲げた。

「日本は台湾にある国府と日華平和条約を結びました。その第一条を見れば、中国との戦争はすでに終結しています。だから賠償問題も起こり得ません。それに百歩譲ったとして、もし中国の言う通りを認めると、日本は中国の一省に過ぎないところと平和条約を結んでいた、というおかしなことになるわけです。外交の一貫性から見ても、それはあり得ません」

姫外相の不快そうなしかめっ面が回答のすべてである。感情を交えた荒げた声で反論した。もう理屈を超えた主張の激突だ。とりわけ賠償問題は存在しないと断言したことで、いっそうの紛糾を招く。中国にしてみれば、これ以上ない譲歩のつもりだったのが、一蹴されたどころか、一顧だにされない扱いなのである。

しかし高島には、自分が台湾派であることとは別にして、条約局長としての彼なりの戦略があった。日本は国府との関係にできるだけ決定的な悪化をもたらさずに、日中国交回復を果たしたいと考えている。あいまいな決着にしたいのだ。だが田中首相の考え方を見ていると、自分たちが目論むように、そううまくいきそうにないことは肌で感じている。そのためにも、せめて中国側が切るカードの価値を事務レベルで出来るだけ減じておきたい。そう考えて、あえて高飛車に出たのであった。

効果はてきめんだった。てきめんというのは、相手は怒りのあまり、その夜のうちに高島に対する国外退去命令を発したのである。

それでもともかく外相会談は終わり、その直後から第二回首脳会談が迎賓館で開かれた。雰囲気は第一回とうって変わり、暗いどころか、最初からとげとげしいものになった。周恩来はすでに姫外相から報告を受けていたのか、冒頭、険《けわ》しい表情で切り出した。不満げな内心が抑えようのない荒い息で伝わってくる。

「外相会議での高島局長の発言です。これは田中、大平両先生の本心とは思えません。国交正常化は政治の問題です。法律論ですが、法律論では処理できません。こういう問題を法律論で処理しようとする人物のことを、中国では法匪《ほうひ》と呼びます」

法匪というのは、法律知識を悪用する法曹関係者に対して罵倒する言葉である。よほど高島に腹を据えかねたのだろう。田中も高島発言については大平から聞いていた。あの男のやりそうなことだと、諦めの混じった不快さであったが、一方で、却ってよかったのかもしれない、という思いもあった。一つは国内の台湾派に対し、これだけ主張したのに押し切られたのだと、そんな弁解に使えそうなのと、もう一つは、今後の声明書の文言を詰める際に、一旦、強く押しておくと、後が楽になるかもしれないからだ。ひょっとして賢明な高島のことだから、後者のことを考えていたのかもしれないと推測した。田中は背筋をただした。

「今、法匪とおっしゃいましたが、高島の言ったことは、日本の立場から見た歴史的事実としては正しいと思います。理屈にかなった論理でしょう。しかし私は日本国の首相として、ここに参っております。おっしゃるように、出来るだけ政治の話として解決していく所存です」

と一応の反論のあと、しっかりと前向きの姿勢を見せる。

（こんなことで決裂してたまるものか）

見えない闇を切り開いて進むのが首相の任務ではないか。そうでなければ首相などいらぬ。困難は承知の上だ。当たって砕けろである。田中はそう自分を励まし、根気よくほころびの修復に努めた。「短気の田中」などの風評ほど根拠のないものはない。こんな時のネゴにかける田中の根気としつこさこそが彼の本質なのだ。

しかし相手も負けず劣らずのしつこさだ。折れるどころか、一段落したところで、再び「添了麻煩」のことを持ち出した。よほど腹に据えかねているのだろう。

「あのお言葉、中日間の過去に対するお詫びとするのは、とても受け入れられません。断固、撤回を要望します」

「いえいえ、決してそのような意図で述べたのではありません……」

不毛な応酬を続けながらも、田中は或るタイミングを見計らっていた。というのは、その長い議論を通じ、互いにどこか出口がないかと模索をしているのが、以心伝心で感じたからである。周恩来もむしろ困っているのだ。そんな被害者的な感情の共有は、田中にふっと古い戦友に接するかのような親しみを覚えさせた。

（ここは一つ、相手に顔を立てさせる必要がある）

田中は意識的に少し困ったような、妥協する瞳で周恩来を見た。

「お互い、目的は同じだと確信しています。突っ張り続けるつもりは毛頭ありません。妥協すべきところは妥協する。その気持ちは忘れていません。私としては、あとに控えている実務者レベルの会談に期待したいと思います」

と言って、とりあえずその場をおさめたのである。周恩来は攻めの姿勢を変えなかったが、成就させようという共通目的が田中には感じとれ、それを信じたいと思った。

会議は待ったなしである。午後五時から第二回目の外相会議が開かれた。今回の北京会談を成功させたいという両首脳の意向を受け、とげとげしい戦闘意識は一先ず封印し、実務的に議論を続ける。とりあえずは田中の修復努力が効いたのかもしれない。

日本側も大平外相がスピーカーになり、露骨な表現を隠して、しかし主張だけはしっかりとした。共同声明の内容を早く詰めねばならず、両外相の顔には焦りの色がにじむ。

どこまで主張し、どこまで歩み寄るのか。大平は田中の本音を聞いている。だが官僚たちの言い分ももっともなのだ。国府との絶縁は決意したが、その文言をどういうふうにするか。少しでもこちらの主張を持ち出すと、鋼《はがね》のような固い拒絶が返ってくる。

（ひょっとして決裂してしまうのではないか）

そんな恐怖が大平を襲う。焦点は絞られたが、その最後の焦点が厄介なのである。

万里の長城を描いた大きな絵画を背にし、二人は白い椅子に座って延々、議論を戦わせた。姫はたびたび中座しては別室に入る。恐らくそこには周恩来がいるのだろう。出てくる時には必ず何か書いた紙片を持ってくる。それが幾度となく繰り返された。大平としては周と交渉しているつもりであった。

結局、その日も会議は結論を得ないまま終わった。翌日への持ち越しとなる。大平らは徒労のなかを宿舎へ引き上げた。

その晩は宴会がなく、食事は宿舎でとった。重苦しい雰囲気が漂うなか、豪華な料理にもあまり手がつけられず、それに代わってマオタイ酒やビールなどのアルコールの瓶が空けられていく。酒に強くない大平だが、アルコールで神経を麻痺させようとしているのか、早くから顔を真っ赤にしている。隣りに座った条約局長に向かい、しんみりと言った。

「君たちの言うようには、なかなかうまくいかないなあ」

皆もため息をつくばかりで、落ち込んでいる。まるで沈んだ通夜のようだ。条約局長がうなずきながら応じた。

「妥協できるところはもちろん、妥協しますが、最後の一線をどう文言ではぐらかすか。この謎がとけないのです」

「相手のあることだからねえ。困ったことだ」

この会話を横で聞いていた田中が口をはさんだ。アルコール度数六十五度のマオタイ酒で、もう出来上がっている感じだ。だが口調にはしらふの時と変わらないメリハリがある。

「何を弱気を吐いているんだね。君ら大学を出たヤツはダメだな。土壇場や修羅場になると愚痴ばかり。どうも弱くていかん」

大平も気がたっているのか、つい感情的になる。

「大学出がダメなら、明日からはどうなりますか。このままいったら、会談は決裂ですよ」

「だからこそ、大学を出ているんだろう。そういうことはだね。大学を出た君らがよく考えることだな」

大学出、大学出と言われ、さすがに大平や条約局長らも笑いだした。田中は続ける。

「決裂なら決裂でも構わない。全責任は俺がとるから、心配するな。君らは思う存分やってくれ。そのための首相だよ」

田中は官僚の気質を見抜いている。「全責任をとる」の言葉で、皆の顔に一筋の光が射した。その安堵は徐々にやる気に転化した。田中の配慮の機微に触れ、まとめるぞという意気が込み上げた。皆が大平の周りに集まり、ペンと鉛筆を手に、議論をはじめた。

いつの間にか田中はそこから離れ、マオタイの瓶を手にしてソファーに体を沈めている。いっさい言葉をはさまず、ただ聴く神経だけは鋭敏に保ったまま、のんびりそうに待機している。その夜はほとんど徹夜の作業になった。

ここが田中のリーダーとして他者と大いに異なるところであろう。部下に責任を負わせないし、大方針を示した上で、一旦、まかせたからには細かな指示はしない。全幅の信頼を置く。実に太っ腹である。この態度は終生、変わることはなかった。

しかし本当に太っ腹だったのだろうか。そうとは言えまい。あの日、田中は豪胆さを示してはいたが、内心では必死の思いで悩んでいたのであった。このとき田中の血圧は二百を超え、血尿も出ていたという。真のリーダーとはこういうものなのか。

翌日は朝から万里の長城見学だ。中国側の配慮で息抜きに当てられた。大平ら実務家は時間が気になり、気が気ではない。先方の姫外相も同様で、気が合った二人は車も同乗し、往復の車中で盛んに意見交換をした。

長城での田中は元気そのものだ。長い上り階段を苦もなく歩き、後ろの大平に声をかける。

「おっと気をつけな。転んじゃうよ、この階段。急に険しくなっているから」

そうかと思うと、はるか先までつながっている城壁の先端に目をやり、しきりに感心している。

「全長八千キロか……。昔の人はこんなことが出来たんだなあ。これで俺も列島改造に自信がついたよ」

まかせたら徹底的にまかせるのが田中の特徴だ。だからこそ大平ら事務方は全力を尽くす気になる。これがその後の会談成功の原動力になったのだった。

長城から帰り、しばらく休憩したのち、第三回目の首脳会談が午後四時二十分からはじまった。田中は武者震いしそうになる自分を抑え、「お前はそんな小心者なのか」と叱咤《しった》した。

（いよいよネゴの最大の山場だな）

この数時間で決めなければ破局がくる。そう肝に命じた。

ここで田中は大平からの助言を入れ、最後の決断を下すのである。先ず懸案の「戦争状態」

について、相当、中国側の主張に譲歩した。「一九四五年から七二年まで、日中間には不自然な状態が続いた」と表現することで合意したのだ。次に日華平和条約に関しては、「廃棄する」という直接的な言い方をするのではなく、「日中国交回復と同時に自然消滅する」というふうにする工夫をした。

「あと残るは日台の民間経済界の問題です。これは切っても切れない関係でつながっています」

田中はそう言って、日本と台湾との経済関係の深さを具体的な数字を上げながら、説明した。周恩来はそんな田中にうなずきながら、もはや小異にこだわらない鷹揚《おうよう》さをはっきりと表情に表した。潔《いさぎよ》さがにじみ出ている。

「結構でしょう。それで構いません」

と言って、この時点で問題点は基本的にすべてクリアされたのだった。あとは共同声明の案文作りである。ようやく青空がひらけたのだ。田中は口に手をあて、はじめて小さなあくびをした。

このあとささいなことで田中がちょっとしたパンチを周恩来に見舞っている。それは高島条約局長の国外退去のことだ。

(これだけは撤回させねばならない)

退去となれば、実務的に困るという面もあるが、むしろ高島本人の名誉に傷がつきかねないのだ。ここは部下である彼を守らねばならないと、田中は心に決めていた。つばを飲み込むと、おもむろに切り出した。

「唐突な話で申し訳ありませんが、もしもですよ、お客に来て、お供が相手から非難されて帰れと言われたら、どうされますか」

周恩来は怪訝《けげん》な顔をした。

「はあ？　よく分かりませんが、どういうことですか。そんな目に会ったのですか」

田中は手短に高島のことを説明した。周恩来は強い声で、

「そんなことはあり得ませんよ」

と、即座に打ち消した。この一言で高島は残ることになったのだった。

だがネゴということにかけては、田中はどこまでも用心深い。ここまで煮詰まったのだ。もう壊れることはないだろう。そう思いたい。しかし心配もある。それも大いなる心配なのである。それは国家主席である毛沢東の存在だ。これまであえてそのことを忘れようとしてきたが、いざすべてが整った今、急に気になりだした。

（一難去って、また一難があるのかも……）

中国は共産党独裁国家である。もし最頂点の毛沢東が反対したら、どうなるのだろう。壊れてしまうのだろうか。たとえそこまでいかなくても、重要な文章の変更を求めてくることはあり得る。彼はまだ表舞台に現れていない。中国人は交渉上手だという。ぎりぎりまで毛沢東という最後の駒を残しているのだろうか。不安はどんどん増幅した。

改めて周恩来の顔を見つめ直した。そこには、先ほどと同じ控えめな笑いが浮かび、落ち

着いた品格が無言の力で変わらぬ誠実さを証明している。大丈夫、か……。田中は今しがたの疑念を恥じ入った。

（だが……）

と、あえて自問するのを忘れていない。田中はそれほど慎重だった。

果たしてそうなのか。最後の揺り返しは来ないのか。国の命運を決める重大な交渉なのだ。印象だけで判断するのは軽率かもしれぬ。一市民としては納得だが、一国を代表する首相としてはそうはいかないと思うのである。相手と対談する残りの時間、田中は表情には出さないけれど、あれやこれやと葛藤していた。

そんな葛藤に終止符が打たれたのは、その夜のことである。八時半から急遽、毛沢東主席が田中に会うと言ってきたのだ。会うことは前から予定されていたのだが、なかなか日どりと時刻が決まらなかった。田中と大平、二階堂の三人が北京の中南海にある毛主席邸へ駆けつける。

「驚いたな。三人も招待されるとは」

普通、慣例からいけば、トップの田中一人なのに、随行の事務方まで招待するという。交渉合意へのシグナルなのか。

「これは吉報かもしれんぞ」

皆はそう言い合っていたが、田中はまだ確信がもてない。最後のどんでん返しがありはしないかと、口にはしないが、うれしさ半分、不安半分の気持ちでいる。

毛は会うなり、開口一番、思いがけない言葉で田中を出迎えた。

「周恩来との喧嘩はもうすみましたか。喧嘩をしないとダメですよ」

予期しない言葉に田中は面食らったが、口はすぐに反応している。

「はい。周首相とは円満に話し合いました」

「喧嘩をしてこそ仲良くなれるんです」

このとき田中は吉兆を予感した。それも確実な吉兆である。「喧嘩」という核心をついた砕けた言い方に、毛の賛意を意図した親しみが暗示されている。そう直感した。

その後、二人は中国料理やマオタイ酒、日本の選挙や国会など、差し障りのない話題に花を咲かせ、歴史的な毛・田中会談を終えたのである。笑い声が終始、広い部屋にはじけたという。田中のうれしい杞憂《きゆう》であった。

翌二十八日の朝から外相会談が開かれた。共同声明発表に向け、俄然、文言の詰めの作業が本格化する。田中は例のごとく事務方にすっかりまかせているが、中国側はそうはいかないようだ。交渉役はたびたび部屋を出て、別室に控えていると思われる周恩来のところへ出向く。やがて大した揉め事もなく、事務作業は終わった。

あとは両首脳が共同声明の案文を最終確認するだけである。午後三時四十分から第四回目の会談が迎賓館でもたれ、わずか一時間足らずで終了した。それも後半はほとんど周恩来が日本に留学していた頃の思い出話に花が咲いた。

「神田の古本街はどうなっていますか。上野の西郷さんの銅像はまだあるのですか」

など、大きな黒目を懐かしそうに細め、遠い記憶をなぞりながら、よどみなく話題をリードする。

いい雰囲気である。田中は体の奥に居座るこれまでの疲れと、それに勝る安堵の両方に身をゆだねながら、粗相のないよう受け答えした。それというのも、この時点でもまだ田中は気を許していないのだ。表面的な磊落《らいらく》さとは別に、最後までネゴにかける用心深さが身にしみついている。ネゴというのはサインをし終わる最後の瞬間まで続くのだ、と思っているからだ。

その日の午後六時半から人民公会堂で田中首相主催の返礼夕食会が開かれた。田中と周恩来は挨拶の演説を交わし、今回の会談の成果を確かめ合った。日中間の戦争状態は終結し、国交正常化を実現することが約束されたのだった。

そして、フィナーレがやってきた。翌二十九日午前十時十八分から人民大会堂「西大庁の間」で、共同声明の調印式がとり行われた。北京へ到着して五日目の早さである。

大勢が見守るなか、田中と周恩来は筆でていねいに署名する。周恩来の右手は明らかに震え、字体も細く伸びて崩れている。かなり後で知ったことだが、このとき周恩来は深刻なガンにおかされていたのだった。こんなことがあった。周恩来は先の首脳会談で自分の右腕をちょっと差し出し、

「ここが少し曲がっているでしょう。落馬して傷めたんですよ」

と言っていたが、果たしてどちらの理由で手が震えていたのか、今となっては不明である。署名後、二人は立ち上がり、向かい合う。互いに声明書を持ったまま、右手で固い握手を交わした。何度も握った手を上下に振り、互いの本心をぶつけ合った苦しみと、そして最後に訪れた喜びの時間を確かめるかのように、無言の微笑みを返す。そして、声明書を交換し、国交回復という熱い歴史の瞬間がここに完成されたのだった。田中にとっては、まさに五日間にわたる「決断と実行」の果実であった。

調印式のあと、日本代表団は北京から上海へと移動する。北京空港には三千人を超える青少年や子供が旗をもち、踊り、音楽を奏でて一行を見送った。周恩来もホストとして同行する。最後まで見届けようとする深い配慮がうかがえた。

上海空港での歓迎も熱烈で、上海市革命委員会の張春橋主任ら千数百人が出迎えた。夜は中国側主催の最後の宴会である。盛大だった。田中はようやく安堵と寛ぎに身をまかせ、マオタイの盃を何度も口に運んだ。

(もう署名が覆ることはない)

そう思うと、苦しかった五日間のどれもが懐かしく、決裂しそうになった瞬間の記憶を次々と脳裏によみがえらせた。思い切って中国へ来てよかった。つくづくそう思う。

一方、大平はどうしていたか。彼も田中と同じ感慨にふけっていた。あまり飲めない体質なのに、マオタイの盃を片手に各テーブルを回っている。もう顔は赤鬼だ。「乾杯《カンペイ》」と言ってはしきりに盃を干している。田中が心配そうに脇の秘書につぶやいた。

「あれれ。大平君、あんなに飲めるのかなあ」

そのとき周恩来がつっと大平の方へ近寄った。そして、まるで大平をかばうかのように、相手に向かって自分の盃をあけた。田中もそれに加わり、場は一段と盛り上がった。周恩来の大平に対する気遣いがうれしかった。その時点では田中はまだ周恩来がガンに蝕まれていたことを知らない。帰国後にそれを知ったとき、「うっ」と唸ったまま、苦しそうに眉をゆがめた。熱い涙がまぶたの裏を湿らせたという。

宴会が引けたとき、田中は珍しく酔いつぶれていた。周恩来が抱きかかえるようにして部屋へ連れて行ったという。

そして同じ日の深夜、台湾政府は外交部声明を発表し、日本との外交断絶を宣言したのだった。

いよいよ帰国の日が来た。三十日の午前九時半、五千人を超える子供たちの熱烈な見送りを受け、飛行機は上海空港を飛び立った。

その直前、タラップに乗ろうとする田中に、周恩来が握手の手を固く握ったまま、迷いを見せない言葉で言った。

「お帰りになったら、天皇陛下によろしくお伝え下さい」

田中は一瞬、目をみはり、瞬《まばた》きを忘れた。

「ええ、必ず伝えます。本当に……有難う……ございます」

最後は言葉にならない。涙ぐみさえした。周恩来の日本に対する心情に激情が込み上げ、不覚にも取り乱したのだ。タラップを上りきると、扉の前でもう一度大きく手を振った。これで名実ともに日中が友人になったのだと、改めて実感をかみしめた。

「井戸を掘った人」という中国の言葉がある。今日でも中国人は田中のことをこう呼んでいる。中国では水を飲むとき井戸を掘った人の恩を忘れない、という意味だ。田中は中国にとって、井戸を掘った特別の人となったのである。ロッキード事件で田中が失脚した後々でも、中国は田中を大切にした。一九七八年に鄧小平が来日したときも、田中邸を訪れて見舞っている。

帰国した田中は大忙しだ。国会では後に青嵐会を旗揚げする中川一郎、渡辺美智雄、石原慎太郎ら台湾寄りのタカ派議員たちが気炎を上げている。福田派の別働隊ともよばれた暴れ馬たちだ。羽田空港に迎えにきた幹事長の橋本登美三郎が、車のなかで困りきった表情をしている。

「党が大変です。大荒れです。ただではすみそうにありません」

「そうか」

田中はそう言ったまま、目をつむった。動じる気配がない。国のために正しいことをしたまでだ。恥じることでもなければ自慢することでもない。総理大臣としての当然の職務を果たしただけである。逃げ隠れはしない。相手が誰であろうと、正面から堂々と対峙するだけだ。そう腹をくくっていた。この肝の据わりは田中の強みであろう。

皇居で帰国の記帳をすませると、その足で自民党本部へ赴《おもむ》き、党執行部に手短かに報告。そのあと記者会見に臨んだ。気負いや興奮を見せず、終始、早口だが落ち着いた口調で訪中成果を説明する。そのあまりの冷静さのなかに、記者たちは、これから反対派に臨もうとする田中の決意の強さを感じとった。

午後四時二十分、田中は最大の山場である両院議員総会に出席した。前段に陣取ったタカ派メンバーらから怒号が飛ぶ。そのなかを田中は胸を張り、確かな足取りで演壇へ向かった。

（ま、国会だから、刃物までは飛び出すまい）

話せば必ず分かってもらえる。そう信じることで幾分、気持ちが楽になった。演壇から一礼したあと、全員を睨みつけるようにして話しはじめた。

「ただ今、日中国交回復を成し遂げ、中国から帰って参りました。長くも短くもあった六日間ですが、会談は難航の連続でした。途中、決裂のたび、何度も日本へ帰ろうと思ったかしれません」

田中は雄弁だった。対立点のそれぞれにつき、驚くほど詳細に、しかも分かりやすく説明する。メモなどは見ない。記憶力のよさは遺憾なく発揮される。誇張も矮小《わいしょう》化もなく、事実を述べた。あれほど激しかった怒号も次第におさまり、いつの間にか皆は田中の言葉に引き込まれている。

「中国は動かすことのできない大国です。しかも隣の国なんです。共産主義という体制の違いはありますが、隣国であることには変わりはありません。そのことは永遠に変わらない。

中国が嫌だからと言って、日本が引っ越すわけにはいかないのであります」

皆は何を言いたいのかと、苛立ちと期待をないまぜた混乱の面持ちである。田中は続けた。

「ところがそのような国と争いや問題が発生しても、これまでのままでは政府同士で話し合えるルートがないのです。こんな不便なことはありません。そりゃあ一部の党とか赤十字を通じては可能だったでしょうが、それではどうにもなりません。だから国交正常化は必要なのであります」

それに、と田中は片手を上げ、強調する。

「毛沢東と周恩来が権力を握っている今が、チャンスなのです。かの国だって、どんな政治変動があるか知れません。だからこそ、この機会を逃したくなかったのであります」

演説が終わった。万雷の拍手のあと、急に静けさが訪れた。凝縮《ぎょうしゅく》された無言の空気が、議場を圧した。瞬時ではあるが、まるで時が止まったかのような深い静けさだ。それはともなおさず聴衆の感動であり、田中を是とするシグナルでもあった。台湾派も本意不本意にかかわらず、賛同者たちに足並みをそろえざるを得なくなり、かくて無事、共同声明が承認されたのである。

田中政権が誕生してから、わずか三ヵ月。見事な早業だ。ただそれはひとえに田中のもつ資質のお陰であろう。政治家としてのカンの良さと、それを実行するブルドーザーのような行動力の賜物と言っていい。世にいう「決断と実行」である。

政策について「こうすべき」という考えは、どの政治家ももっている。だが反対派の存在を思うとき、自己の損得の「損」だけを異常拡大し、あえて触れようとはしない。自己保身が強いからである。国家国民の立場に立つ気概もないし、そんなことを思いつきもしない。ところが田中は常にそのことを念頭に置き、政治に向かった。一命を賭すことさえいとわない。年甲斐もなく、と言えるくらい、心憎いほどの純真さで政治に取り組んだ男なのだった。

　だが世間は田中の内面に燃えるそんな心意気を無視し、外側に見えるカネ集めだけに焦点を当てた。在職中の功績には目をくれず、ただカネに対する執着心を口汚く罵った。そして田中は首相の座から追われ、挙句にはロッキード事件をでっち上げられて、冤罪《えんざい》を押しつけられるのである。

　その遠大なストーリーを描いた人物が、海の向こうにいる。この時点では、田中はそんなストーリーも、その書き手の名前も知らない。ただ日中国交回復がアメリカを怒らせるだろうとは、漠然とながらも感じていた。

（しかし、その感情を鎮めるのも政治家の仕事ではないか）

　外交とはそういうものだ。一方的にアメリカの言いなりになるのなら、苦労はしない。「イエス・サー」を貫いて、パトロンになってもらって、政界を生き延びるのもひとつの方法だが、それは日本国民に対する裏切りである。いかに大国アメリカといえども、是は是、非は非を、申さねばならぬ。これは田中の信条であるが、それが一層かの人物の怒りを増幅することとなる。

それ以後、田中は衆議院総選挙やいろいろな内政問題に集中的に取り組む。その間も周恩来のことを忘れたことはない。或る意味、修羅場を共有した戦友だと思っている。天皇陛下のこともあり、一度、彼を日本へ招待したいと考えた。もちろん天皇については慎重に扱わねばならず、自分の胸の奥にとどめている。

昭和四十八年三月、小川平四郎中国大使に親書をもたせ、周恩来を日本へ招待した。しかしその頃、彼のガンは悪化しており、それは伏せたまま、来日できない旨の丁重な返事を寄こしている。同年九月十日付けの返事を見ると、日中親交のさらなる発展を望む周恩来の心情が胸を打つ（早坂茂三著「政治家田中角栄」より抜粋）。

「……今後両国の友好関係をたえず深めていくため、われわれ双方にはこれからもなすべき仕事が多くあり、まさに任重くして道遠しといえます。過日、貴国の参議院議長河野謙三先生の訪中の折、中日関係の発展に関する閣下の心からの念願を重ねて承りました。われわれ両国政府、両国人民がともに努力し、共同声明の原則にのっとって、友好的に話し合い、障害を排除すれば、両国の善隣友好関係はかならずたえず発展し、アジアと太平洋地域の改善のために新たな貢献をすることができるものと信じてやみません。

……当面の国際情勢は、重大な変化を見せつつあります。両国関係とアジアならびに世界の情勢について、中日両国政府の指導者が常に意見を交換し、相互理解を深めることは、重要な意義があると思います。

……閣下に対し、心からのあいさつを申し上げるとともに、御健勝を祈念いたします。

一九七三年九月十日

中華人民共和国国務院総理　周　恩　来

田　中　角　栄　総理大臣閣下

歴史は非情である。周恩来は不帰の人となり、来日の夢は消え去るのである。そればかりか、あれほど日中友好を望んでいた田中の方も、ロッキード事件で消えていく。歴史にイフはないけれど、もしこの二人がもう少し延命していたら、両国の関係はもっと違ったものになっただろう。日本の国益にとって、もっといい方向へ動いたに違いない。

しかし、それは海の向こうの人物には到底受け入れられる展開ではない。CIAの在日ルートや外務省のシンパたちから、周恩来との往復書簡は入手していたはずだ。極めて危険な匂いを感じ取ったに違いない。田中のことを「最大の裏切り者め」と吐き捨てたという。ただこの時点では危険人物という懸念は確実に増幅しつつあったけれど、まだ田中の抹殺までは考えが至っていないと思われる。そうなるのは一年半ほど後のことである。

ささやかな朗報がある。日中共同声明発表から一ヵ月足らず経った十月二十八日、二頭のパンダ、雄のカンカンと雌のランランが上野動物園に到着した。その愛くるしい表情と動作に、日本中の子供たちが夢中になった。

4　資源外交に踏み出す

田中はやる気満々である。中国問題は去年のうちに片付けているし、内政もほぼ目途がついた。

（次は外国からの資源確保と北方領土の返還だな）

それがこれからの最大の課題だ。外交は票にならないというけれど、だからといって、そこから逃げることは自分の誇りが許さない。総理大臣というのは日本国という大局に立つ義務がある。国民への義務だ。自党の票がどうのこうのと、目先のことで国政の基本が左右されてはならない。そう思って日々、総理の職務をつとめている。

実際、日中国交回復を果たした後の衆議院選挙では、自民党は議席を減らし、負け戦となった。外交は票にならなかったのだ。もし回復の直後に選挙していれば、違った結果になっただろう。むしろ大勝したかもしれない。あのとき世間は国交回復に拍手喝采し、マスコミも田中外交の成功をたたえた。幹事長や幹部らも、今こそ衆議院解散のチャンスだと、どれほど進言してきたことか。

「ちょうどパンダも十月には上野動物園へやってきます。今が日中ブームの絶頂期。このタイミングを逃す手はありません」

だが田中はそれを拒絶した。なぜなのか。それは経済問題だ。為替が円高へ大きく振れ、経済界は真っ青になっていた。

「ともかく、この為替の変動を安定化させなきゃならん。今はこれを片付ける。選挙は二の次だ」

断固そう言い放った。目下《もっか》の政策として、経済最優先が国民の利益になると判断したのだった。選挙は結局、ブームの終わりかけた十二月までずれ込み、議席を減らす結果に終わる。ブームというのは実にうつろいやすい。あっという間だった。

しかし田中は悔いてはいない。多少の議席減ではあるが、大きかった期待が普通に戻っただけではないか。もし為替変動の応急措置が遅れていたら、もっと大きなダメージが日本を襲っていたに違いない。選挙時期の遅れを無念がる議員は少なくないけれど、もうすんだことである。

この点、田中は切り替えが早い。反省しないというのではない。

(責任をとれというならいつでもとってやるぞ)

そんな気概が気持ちの張りを強くしているのだ。自己保身と無縁の強さとでもいおうか。留まったり引き下がったりするのではなく、次の新たな問題へと意識が向かっていく。前進しながら問題を解決し、解決するとまた前進をする。これが田中の政治姿勢なのである。総理大臣という責任感からくる無私の闘争心が、常に激しく心のなかで燃えた。

そして今、その闘争心の矛先は、日本が直面する深刻な問題、資源外交に向けられていた。

歴代首相の誰もがもたなかった問題意識である。

——日本経済は積み木細工だ。

その思いは日ごと強まっている。下部の一つが壊れると、すべてが連鎖的に崩壊する。経済大国とは言われるけれど、実態は中味の伴わない壮大な虚構に等しい。なぜなら石油に代表されるエネルギー源の九割もが、海外依存だからだ。もし海外からの供給に支障が生じたら、どうなるか。それは悪夢以上の悲劇を招来するだろう。

この資源多消費型の経済運営を今後も成り立たせるにはどうすればいいか。日本経済を虚構から実像へ移行させるにはどうすればいいか。それは、エネルギーを安価かつ安定的に輸入できる環境を作ることにある。そう田中は診断し、そこに問題意識の照準を合わせていた。

——ではいかに資源を確保するか……。

これが日本という国の将来を左右するのである。資源の乏しい日本が今後も工業国として栄えていくには、この問題から逃げることはできない。そのための礎《いしずえ》を築くのが総理大臣としての自分の仕事だと、田中は決心していた。資源ナショナリズム、つまり自主資源外交への傾斜である。

だがその自覚は、何も首相になってから急に湧き起こったものではない。通産相時代からもっていたし、勉強もしていた。そんな田中の先見性に着目した財界人は少なくない。いわゆる資源派財界人とよばれた中山素平（元日本興業銀行会長）や今里広記（日本精工社長）、松根宗一（経団連エネルギー対策委員長・東電顧問）、右翼で世界の石油産業界に太いパイプをもつ田中清玄らである。通産省の両角良彦次官をはじめとする通産官僚たちも、田中に期待を寄せている。

当時、一次エネルギーに占める石油の比率は、世界各国の四十数％に対し、日本は七十％台後半という異常な高さにあった。そしてその殆んどが欧米のメジャーオイル経由でしか入ってこなかった。量と価格がメジャーのさじ加減一つで決められるという誠に不安定な状況である。アメリカに首根っこを押さえられた日本の弱さがあった。

「ここを何とか突破しなければ……」

寄るとさわるとこのセリフが口をつく。アリの一穴を見つけねばと、田中らは必死に知恵をしぼる。もちろんこの頃の田中は通産大臣としての繊維交渉に決着をつけ、両角次官らの資源会議にも頻繁に顔を出している。

智恵は出てくるものだ。しかしその智恵はアメリカの怒りに直結したもので、一つ間違えれば、いつ爆発するかしれない危険なガスに満ちている。

「無謀な冒険ではあるな」

それはこれまでアメリカのメジャー経由で輸入していたインドネシア原油を、メジャーをすっ飛ばし、日本が直接、買い付けるという画期的な計画である。つまり従来の米カルテックス経由の日本石油ルートと、それより量ははるかに少ないが、岸信介が作ったファー・イースト・オイル・トレーディングの既存二ルートに加え、新ルートを一つ増やそうというのだ。

だがこの計画にはインドネシアへの資金貸し付けが必要になる。ここで皆が頭をかかえ込んだ。

「だけど、これは難しい……」

なぜならインドネシアに対する資金貸し付けは、すべてアメリカが主導しているからだ。日本の勝手な真似は許されない。ＩＧＧＩ（インドネシア援助国会議）という機関があって、インドネシアに金を貸している米欧日の各国で構成されている。その機関で年度ごとのローン総額と、各国ごとの額の割り当てを決めるのだが、その主導権はアメリカが握っていた。最大の貸付国として、事実上の管財人の役を演じ、インドネシアを金融的に支配していたのだった。

日本はその国際合意の枠外で、三億ドルもの巨額ローンを目論んでいる。というより強行しようとしていた。当時、インドネシアは米国の大手石油会社のカルテックスが大半を支配していた市場だ。その向こう面《づら》を張り、その勢いで独自に原油を引っ張ってくるのだから、アメリカの怒りは目に見えている。

当然、アメリカ政府は猛烈に反撥した。キッシンジャーは白い顔を鬼のように真っ赤にし、日本の駐米大使を何度も呼び出した。外務省は日本かアメリカのどちらの味方かも分からないほど連日のように通産省へクレームをつける。

通産大臣の田中は悩んだ。悩んだというのは、強行すべきかやめるべきかというそれではなく、ひそかに準備している日中国交回復のシナリオへの影響を心配したからだ。この国交回復には表向きの純粋な友好関係構築以外に、将来の中国産原油の確保も秘められていたのは述べるまでもない。

アメリカ側からの警告はヒステリックとも思えた。時を置かずに発せられ、それほどまでに神経質になっていた。だが田中は突き進む。

「これしかない。日本が先進国に伍して生き抜く道はこれしかない」

そう発破をかける。

「これを突破口にして、独自の資源外交に乗り出すぞ」

両角や今里も勢いづく。「それに」と言って、頬を紅潮させて田中にこたえる。

「インドネシア原油は低硫黄です。誰もが喉から手が出るほど欲しい油ですからね」

田中はついに「ゴー・サイン」を出した。日本の益とアメリカの反撥を緻密に分析した上での、通産大臣としての決断だった。昭和四十七年（一九七二）七月四日、「ジャパン・インドネシア・オイル（ＪＩＯ）」設立の正式発表が行われた。明らかにこれはアメリカへの、いや、そのスポークスマンであるキッシンジャーへの挑戦状であった。

その後、総理大臣に就任し、中国との交渉に精魂を傾けるのだが、アメリカは表立った妨害工作はしてこなかった。田中らは一応、安堵する。だがその分、アメリカは日本、というよりも田中への不満をいっそう鬱積《ふっしょく》させることとなる。

田中はもうアメリカへの怖れを払拭し、乗り出した船を一気に漕ぎ出そうとしていた。

昭和四十八年七月二十五日に資源エネルギー庁を発足させ、国として資源確保に走ることを誰はばかることなく公言する。十九世紀から二十世紀にかけて確立されたメジャー支配の不動の序列に、今こそ風穴をあけようというのだ。国益のために決然と乗り出すのである。田中は強調する。

「石油だけじゃない。原子力も重要だ」

この二本柱でいくという。

「今、国内の原発は五基だけど、十年後には五倍以上に増やそうと思う」

当時、アメリカは原子力分野でも覇権を握ろうと躍起であった。オーストラリアやカナダとともに、遠心分離法で燃料である濃縮ウランを製造していた。この燃料も日本はアメリカからの輸入だけに頼っていたのだ。中山素平が提言する。

「石油資源の確保は出遅れましたが、ウランはまだまだこれからです」

すかさず東電顧問の松根宗一が相槌を打った。

「幸い国際資本に荒らされていないところが多くあります。それらを押さえましょう」

「その第一弾がフランスとの連携だな」

田中は納得の表情で念を押す。通産官僚も大賛成だ。

フランスは国策として原子力に力を注いでいる。ウラン鉱の共同開発だけでなく、ウラン濃縮でも日本に秋波を送ってきていた。アメリカの核支配への対抗意識が丸出しだ。

日本のアクションも早かった。民間ベースですでに動いている。電力業界では、松根を座長とする「ウラン資源開発委員会」が発足し、フランス原子力庁とニジェールでの共同探鉱がはじまっていた。

（いよいよ資源外交の夜明けがきた……）

メジャー支配からの自立のはじまりだ。田中は気を引き締めた。九月に予定している欧州とソ連訪問が間近に迫っていた。一同は大臣室に集まり、方針を確認する。

「日本は平和外交が基本だ。戦闘機や大砲などの武器なしで、資源を確保しなくちゃいかん。ここに我々の難しさがある」

田中はかみ締めるように言う。アメリカなどの先進諸国は武器提供と引き換えに資源確保を迫る。途上国も渡りに船で、両者の利害はかみ合うのだ。資源と軍事は外交の表と裏である。ところが日本は平和だけで進めなければならない。

（しかし……）

と田中は思うのだ。平和だからこその強みもある。どの相手にも警戒感を与えない。後ろにアメリカが控えているのは誰もが知っている事実だが、これも使いようである。時にはこのカードを前面に出し、時には引っ込めて、日本に有利な方向へ引っ張る。これこそが外交というものではないか。

田中の口が真一文字に結ばれている。繊維交渉や日中国交回復交渉を思い出しながら、もう見えない相手にすっかり対峙する気持ちでいる。中山素平が、そんな内心を見透かしたのか、反語気味にあおった。

「でも、訪問の成果がなければ、野党や福田派の連中が吼《ほ》えますね」

大将をその気にさせて試合に臨ませる老獪《ろうかい》さは、さすがである。

「何の何の。そんなことをいちいち気にしていたら、外交交渉など出来やしないさ。私はね、日本国のためなら、命を投げ出してもいいと思ってるんだ」

大げさな言葉だが、田中が話すと本気に聞こえるし、事実、本気であった。遠い昔の新潟での貧しさは忘れていない。表日本・裏日本、関東・関西のわけ隔てなく、国民の幸せを実現したい一心で一国のリーダーたる総理大臣になった。命が惜しいなんて思ったら、その瞬間にリーダーとしての資格を失う。そう心に刻んでいる。

民主主義である以上、政策実現には多数決という数の力が必要だ。そのため自分は党運営で真面目に汗水かいてきたつもりである。カネも必要だった。今もそれに変わりはない。今回の資源外交は長いネゴのほんのはじまりだ。第一歩で成果を期待するつもりはまったくない。二歩、三歩、四歩と繰り出さねばならない。息の長いマラソンだろう。前と同様、恐らく票にはなるまい。「一体何しに行ってきたのだ」と、マスコミも野党もなじるに決まっている。

だからこそ与党には数を押さえておいてほしいのだ。真に正しい政策を実現するためにである。世論の支持率の高い低いで外交をやってはならない。日本国の十年、二十年先を見据えて行うものだ。大マスコミがああ言ったから、世論調査の支持率が下がったから、著名な評論家がああ言ったから、というような日和見主義的な要素でやるのは邪道である。そんなことでは総理大臣としての資格がない。外交は自己保身や党利党略のためにあるのではなく、国民のためにあるのだ。それも十年先、二十年先の国民のためにあるのだ。時には嫌われても、信ずるところを進まねばならぬ。その矜持《きょうじ》が田中を支えていた。

昭和四十八年（一九七三）九月二十六日、田中はヨーロッパとソ連訪問の旅に出た。出発にあたり、随行員の多さに半ば照れと笑いを交えながら、苦言を呈している。

「もう大名行列の外遊はやめたいな。税金の無駄遣いだ。いずれはカバン一つ引っさげて、まあ、秘書官とSPだけを連れて、世界中を飛び回らなくちゃ」

それほどたびたび外国へ出かけるつもりでいる。五十五歳とまだ若い。税金の使い方について気にするあたり、いかにも若い時分に苦労したビジネス経験からくる経済感覚なのだろう。自己の威厳をとりつくろうための虚勢にはさらさら興味がない。

最初の訪問国フランスでは、ポンピドー大統領の腹心といわれるメスメル首相と対談した。日本の総理大臣がフランスを訪れたのは、池田勇人の欧州歴訪以来、十一年ぶりである。当時の大統領ドゴールは誇り高き男で、池田をはなから見下した。輸出競争力をつけつつあった日本からの来訪者に、「トランジスターラジオのセールスマン」と侮蔑の言葉を投げた。しかし今回は違う。歓迎はもちろんだが、むしろエネルギー政策、とりわけ原子力でアメリカに張り合うために、日本を味方にしようと躍起であった。

ウラン濃縮法では二つの技術が存在した。主体はアメリカが主導する「ガス拡散法」で、もう一方は西ドイツがイギリス、オランダの協力を得て研究している「遠心分離法」である。

これに対しフランスは、欧州の主導権が西ドイツに奪われるのを怖れ、「ガス拡散法」を選ぶ。アメリカに頼らず、スペイン、イタリア、ベルギーと組んで、独自の技術開発に乗り出した。ゆくゆくは日本をも巻き込み、核燃料サイクル技術で手を組みたいと考えている。そんな世界の陣取り合戦のまっただ中へ田中が首を突っ込んできたのである。

「キッシンジャーは気が気じゃないだろうね」

会談前夜、宿舎のホテル・クリヨンでワイングラスをあけながら、同行の土光敏夫、松根、両角らと作戦をねる。土光も念を押す。

「フランスの狙いはウラン濃縮ですからね」

「ま、いわば日本という得意先を盗られるんじゃないかと、アメリカは疑っているだろう」

「疑っている、じゃなくて、怒っている、でしょうな」

ウラン濃縮技術は核開発につながる。アメリカは日本の核武装を防ぎ、かつ原子力市場も牛耳るため、アメリカ製の濃縮ウランを強制的に日本に買わせてきた。その「おいしい」商品をフランスが横取りしようという構図である。

しかし田中は慎重だった。そこまで一気に進むのにためらいを覚えるのだ。理性のブレーキといってもいい。進みたい気持ちが八分、ためらいが二分だけれど、心のなかではその後者の二分の理性が進みたい八分に勝っている。

メスメルとの会談は順調に進んだ。先ず原油だが、中東で日仏が共同で開発することに合意した。さらに一歩進んで、原油輸送について、事務レベルでの協議をはじめることとした。

中東やアフリカでは宗主国であるフランスの力はいまだに強い。これを利用しない手はない。

ウラン資源についても進展する。元々、松根にやらせていたニジェールでの日仏共同探鉱を、さらに格上げし、実際の開発にとりかかることで手を結ぶ。

(さあ、外堀作業は終わった。いよいよ内堀だな)

そう思う間もなく、予想通り、メスメルはウラン濃縮を持ち出した。ガス拡散法の共同開発へ参画するよう執拗に勧誘した。先ずはフランスが作る濃縮ウランを買ってほしいと言う。だがこればかりはままならない。アメリカの存在がはやる田中を後ろへ引っ張る。同席している土光らも、真剣な眼差しで田中を見つめている。

「有難いお話ですし、興味はあるのですが、今すぐというわけには参りません」

「といいますと？」

「先の七月の日米首脳会談での取り決めです。ウラン濃縮の第四工場を、今度は日米合弁でやろうと決めたばかりなのです」

田中の反逆的な動向を察知したアメリカが、事前に手を打って、フランスへの傾斜を封じようとしたのだった。当然ながらフランス側も十分にそのことを知っているはずだ。田中はメスメルの瞳に鋭い視線をあて、心の動きを読み取ろうとした。

(たぶんこの御仁はこちらの心中をお見通しなのかもしれないな)

こうしてのこのこフランスまでやってきたこちらの魂胆を、というのか迷いを、知った上での勧誘であり、セールスなのだ。メスメルは聞いていた通り、一筋縄ではいかないタフネゴシエーターである。こちらの心中を微細に分析し、まるでネズミ捕り器の中の獲物を追い込むように、丁重な言葉と態度で畳み掛けてくる。

そう思うと、田中は自分の立ち位置の曖昧さに内心、苦笑した。勝つとか負けるとかではなく、同じ政治家としてこの人物となら、真摯な話し合いが出来るのではないかという信頼に似た甘えを抱いた。

第一回の会談ではこの程度まで、と考えていたのに、どうもフライングしそうな誘惑にかられる。

（だが、それでもいい）

と、気持ちを切り換えている。というのも不意にこの前のアメリカ側の通告を思い出したからである。濃縮ウラン価格に関するそれまでの条件を一方的に変更し、

「今後、委託加工の量は八年前に契約すること。支払いも前渡し金を三割に増やす」

と、あまりにも勝手な条件を高飛車に押しつけてきた。アメリカの「核の傘」の下に入れられている日本に反論の機会は認められていない。すべて言いなりなのである。

（一体、こんなことで日本は自立した国といえるのか……）

いつまた一方的な変更を言い出すか、知れたものではない。日頃、同盟国、同盟国と言いながら、結局は自国が得をするように動いているだけなのだ。それを悪いとは言わないが、向こうが国益を考えているのなら、こちらも国益を考えてもいいではないか。外交とはそういうものだと理解していたはずである。田中のなかにある二分のためらいから理性のたがが

はずれた。

「分かりました。日本の原子力発電所はこれからますます増えます。当然、ウラン資源も不足するでしょう。ご提案いただきましたように、貴国にウラン濃縮加工を発注したいと思います」

しかもその量にまで言及し、同席した財界人や官僚は驚きの目を見張った。唖然を通り越し、聞き間違いではないかと、もう一度、耳をそばだてた者もいた。それほど田中の発言が事前打ち合わせを飛び越えたものだったのだ。

気をよくしたフランス側はここでポンピドーを登場させる。二十八日、会談がもたれた。大統領にもかかわらず、天下国家の議論というより、意外にもポンピドーは実務的な男だった。挨拶もそこそこに、いきなり資源の共同開発計画を誘ってきた。アフリカのガボンで鉄鉱石と森林開発をしないかというのだ。田中も実務の男だ。話はとんとん拍子に進む。ここで日本列島改造の知識が生きる。田中のオハコだ。

「大統領、鉄道を敷きましょう。ガボンの内陸部からギニア湾まで敷くのです。鉄鉱石やマンガン、それに木材も運べます」

そう言って、政府間で詳細を詰める約束をした。そのあと、ポンピドーは田中に土産を渡した。土産というのは、ルーブル美術館にある名画「モナリザ」の日本への貸し出しを申し出たのである。田中は率直に喜んだ。

あとで記者団にモナリザのことに触れ、

「これこそ本当のトップ商談だよ」

と冗談めかして言い、久しぶりの笑顔を見せた。続けて記者に濃縮ウランの購入にも言及した。

「で、ウランですが、フランスのウラン濃縮工場の規模を今、決めなきゃいけません。一九八〇年からの五年間に、日本がどれだけの量を買い付けるのか。この合意がないと、進まないのです。そこで両国間で前向きに協議を進めることで合意しました」

田中のこの一連の動きに、外務省ははらはらしていた。というより、猛反対だった。日本の注文でフランスのウラン濃縮工場の規模が決まるというのだ。それはつまり日本が濃縮計画の遂行に参加していることを意味する。これだけはどうしても避けたい。しかし田中の性格を思うと、果たしてどういう結果になるか。

（アメリカを刺激しないでほしい）

できれば曖昧にしてほしい。それが本音であった。どうせ濃縮ウランを買うのは七年後のことなのだ。それまでは両国間の協議という形にして、成り行き任せにしてくれないか。そうすれば、また事情も変わってくるだろう。そんなかすかな希望とありそうな現実との狭間で葛藤していたのだが、田中はあっさりと打ち砕く。外務省の自己保身的な狭量に代わり、日本の国益という観点から決断をした。

もし田中が高級官僚上がりの総理だったり、地盤・看板・カバンが揃った親の七光りでなった総理なら、恐らくアメリカの意向ににじり寄っていただろう。絶対権力者の庇護を得て、総理の座を維持することに迷わなかったかもしれない。しかし田中は不幸なことに、というのは後にロッキード事件に嵌《は》められるのだが、政治家としての信念が強すぎた。理想と言い換えてもいい。その強さが田中の命取りになるのである。もちろんこの時点ではそのことをまだ知るよしもないが、海の向こうでは不吉な地鳴りが進行していたのだった。

田中・メスメル会談の日、偶然にもキッシンジャーはニクソン政権の大統領補佐官に留任したまま、国務長官に就任し、名実ともに外交政策の最高責任者になった。ロックフェラー財閥と密接な関係をもつキッシンジャーは、田中の動きを逐一、追跡していた。この財閥は石油のエクソン、原子炉のウェスティングハウスなどのエネルギー産業に莫大な利権を有している。田中・メスメルの動きは、その利権への挑戦状に他ならない。それは即、アメリカという国に対する果たし状でもある。そこまでキッシンジャーは思いつめていた。

日本国内の情報は在日CIAから詳細に得ているし、今回の会談内容についても逐一、報告が入る。なぜならユダヤ人である彼は在仏のCIA以外に、太いユダヤ人脈を利用して、フランス政権内部にも独自の網を張り巡らせているからだ。田中・メスメル会談で、「悪夢」の後ろの「夢」がとれて「悪事」に決まったとき、キッシンジャーの怒りは手がつけられないほどだったという。何度もジャップという言葉を使って罵ったらしい。

そんなこととも知らない田中は、弾む気分で次の訪問先であるイギリスへ向かう。この地での目的はただ一つ、北海油田への開発に日本が参加することである。そのためイギリスの石油関係に知己をもつ田中清玄に命じ、下工作にあたらせていた。

その参加の仕方は単純ではない。スワップ方式とよばれるものだ。先ず日本が北海油田に参加して原油を採取する。次にこれをアメリカに渡し、その代わり、アラスカのノースポール油田と、BP（英国石油）とエクソンが握っている油田に、日本を参加させるという案だ。当事者も多く、微妙な問題も含まれるので、極秘のうちに進められた。BPのアスキン卿が中心になり、イギリス議会の工作もほぼ完了する。あとは議会を通すだけとなった。

ところが議会で議案を説明して発表しようとしたその日の朝、突然、計画がフィナンシャル・タイムズにすっぱ抜かれたのだ。「不可解な事件」と題した大きな記事が一面トップに踊っている。

「日本側記者の発表によると、英国政府は議会の承認なしに北海油田の割譲を日本に約束した。ノースポール油田とのスワップの権利を日本に与えたが、この経緯は極めて不明朗だ」

この突然の暴露により、英国側も議会提出が出来なくなり、結局、計画はご破算になる。なぜあれほどまで皆が極秘で進めてきたのに、まさに最後の土壇場で漏れてしまったのか。不可解な謎が残った。

ここにキッシンジャーの姿が見え隠れするのである。彼はスパイ網からの情報で進捗状況の一部始終を知っていた。そして最後のここぞという瞬間に、手下に日本で記者会見を開かせ、一気に暴露戦術に出たのではないか。目の上のたんこぶである田中角栄を叩き潰すため、この瞬間を待っていたのに違いない。そう考えても不思議ではない事件であった。

結局、北海油田計画は土壇場のところで潰れ、田中は失望する。その失望が焦りにもつながったのか、次の訪問先である西ドイツでちょっとしたフライング気味の発言があった。

この国ではソ連の「チェメニ原油」開発計画の段取りを慎重に進めるつもりでいた。慎重というのは、元々、この計画に対してはアメリカの反対が強く、「同じやるなら、アメリカと組め」というシグナルが盛んに送られてきていた。横槍的ではあるが、その強い意思表示に知らん振りを決め込むのかどうか、微妙な駆け引きをはらんだ計画なのだった。ところが田中はデュッセルドルフで開かれた西ドイツ財界人との懇親会で、並み居る出席者を前に開発への参加を呼びかけてしまったのである。

たちまちそのニュースはキッシンジャーの知るところとなり、強力な圧力が日本側にかかることとなる。さすがの田中も持て余し、今里が急遽、記者団にもみ消しのボールを投げた。

「たぶん田中首相の発言は一つの思いつきじゃあないでしょうか。元々、あの計画は日米の協力を第一義的に考えておりまして、西ドイツとの共同開発の意思はもっておりません」

何とも日本側の混乱ぶりがうかがえる。当然ながら、ブラント首相との会談はめぼしい成果もなしに終わった。田中はよほど悔しかったのか、記者団との懇談会で思わずメスメル首相と取り交わした濃縮ウランの詳細に言及した。もちろんこれが引き起こす混乱は承知の上である。

「実は一九八〇年から年間で一〇〇〇トンSWU（天然ウランから濃縮ウランを分離する時に増加する価値の大きさを示す尺度）の濃縮ウランを輸入する約束をしました」

さあ、東京は大騒ぎである。東京電力の木川田一隆会長がそのニュースを知るや、猛反発する。

「まったく聞いていませんな。一体どういうことですか」

電力業界の事前了解はまだ取り付けていなかった。田中の確信犯的な先走った政治決断なのだ。電力業界はアメリカの圧力に弱い。言いなりのような状態だった。

(こんなことでは、日本の将来は危ういわな)

この際、はっきりしておこうと田中は考えたのだ。予想通り、東京で木川田が反駁《はんばく》した。

「濃縮ウランは一九八一年まで足りています。フランスの分を引き取るわけにはいきません」

そのアメリカ寄りの発言に田中は、地球の裏側でぴしゃりと言い放った。

「日本の将来を考えての方策です。政府が備蓄して、いざという時に放出すればいい」

日本国のリーダーとしての田中の決断は、外電で世界中を駆け巡った。これでいい、と田中は悠然たる心境である。アメリカの反撥がいずれ起こるのなら、それを待つのではなく、先手をとるのも兵法だろう。そう考えた。

西ドイツの保養地クローンベルク。十月六日のことである。久しぶりの息抜きの機会なのに、田中ら一行はまるで受験勉強中の生徒のように寸暇を惜しんで議論を続ける。いよいよこれから最後の訪問国、ソ連へ乗り込まねばならないのだ。ビールとワイン、ソーセージなどで口を楽しませながら、交渉に臨む最終打ち合わせをしていた。そんなとき突然、ニュースが舞い込んだ。イスラエルとエジプト、シリアのあいだで戦争が起こったのだ。

重火器や戦闘機などの武力では劣るが、石油という新たな戦略的武器で結ばれたエジプトとシリアが、イスラエルの安息日に不意打ちをかけた。第四次中東戦争の勃発である。このところ一触即発の状態ではあった。それがとうとう現実のものとなる。

「えらいことだ。石油の価格が上がる……」

日本が最も怖れていたシナリオだ。産業界の息の根が止められはしないか。田中らに緊張が走る。だがその緊張はまだ現実味を帯びた深刻なものではなく、漠然とした不安のレベルに留まっていた。オペックが原油の生産削減を警告してオイルショックがはじまるのは、その十日ほど後のことである。

(俺の方針は間違っていなかった)

しかし田中に自分の先見性を誇っている余裕などない。元々、そんな自惚れとは無縁の気質だったが、ますます資源外交の必要性を痛感した。

ソ連は広大な領土を保有している。資源も豊富だ。いずれ日本産業界の救世主になるかもしれない。しかしそのためには平和条約の締結が必要だ。北方領土の問題も絡み、実に複雑だが、この多元方程式を解くのは自分の使命である。幸い外相の大平も駆けつけてくれている。日中交渉以来の信頼関係はまだ続いているし、心強い限りだ。田中は言った。

「ま、時間のかかる難問だ。何しろ鉄のカーテンで閉ざされた国が相手だからな」

「手の内が読めないというのは苦しいですな」

「だからこそ首脳会談が必要なんだろうね」

十月というのにモスクワは思っていた以上に寒かった。鳩山一郎に次いで二人目の日本人首相としてモスクワへ入った。道行く市民は皆、耳まで覆った防寒用の深い毛皮帽子をかぶっている。手袋のなかにも冷気が忍び込んできた。ウォッカで体を温めたくなるのも分かるような気がする。

市の中心部を流れるモスクワ川沿いに旧ロシア帝国のクレムリン宮殿がある。総延長二・二五キロの城壁の内側に、二十の城門と、様々な時代の様式の宮殿や大聖堂が立ち並ぶ。華麗な色彩と厳《おごそ》かな雰囲気が辺りを圧倒し、一瞬、中世ヨーロッパへ紛れ込んだような錯覚を起こさせた。日本の京都、奈良も古都ではあるが、異国というにはあまりにも違いすぎる情景だ。一行はその美しさに息をのんだ。

十月八日午前十一時半、そのクレムリン宮殿エカテリーナの広間に田中らはいた。日ソ首脳会談のはじまりである。広間には対面する入口が二つある。定刻丁度に一方の入口からブレジネフ書記長を先頭に、コスイギン首相、グロムイコ外相、バイバコフ国家計画委員会議長らの要人が恭《うやうや》しい足取りで入ってきた。その反対側の入口からは田中首相、大平外相、新関駐ソ大使、鶴見外務審議官らが入場する。

(大げさな幕開けだな)

日本側の誰もがそう思っているが、神妙な面持ちで足を運んだ。儀礼好きのロシア人らしい演出である。ロシア側は陽の差し込む窓を背にして座った。日本側の席は陽をまともに受ける。顔の細かい表情までくっきりと読み取られる仕組みなのだ。ロシアの常套手段なので驚くことはない。

ブレジネフは田中にモスクワの印象を尋ねた。ネゴの下準備である。田中は率直に答える。

「実に素晴らしい。驚嘆しました。歴史の重みを感じますね。都市づくりのお手本のようです」

そう言いながら、ちらっと日本の列島改造に思いを馳せた。それからもしばらくのあいだ差しさわりのない外交辞令を交わしたのち、本題に入った。そうする間に田中はいつもの習慣で、相手の気質や器量の観察をしている。

（さすが旋盤工から叩き上げた強さをもっている）

十五歳で製鉄所の工員となり、その後、大学で冶金を学んだ刻苦勉励の人物だ。少年期に世間の荒波を経験している点で、田中は何だか古里を共有しているかのような親しみを覚えた。しかしそれは一方的な感情の深入りだったことをネゴがはじまると直ぐに思い知らされるのだが、こういった点に田中の人の良さが現れている。苦労した割りには根がいじけていない。

タイミングを見て、田中は最大の懸案事項である領土問題に切り込んだ。それもいきなりという切り込み方だ。

「私たち日本は内政不干渉と互恵平等の精神でおります。その上に立って、貴国とゆるぎない友好関係を打ち立てたいと考えています。そのためには是非、北方四島の一括返還をしていただきたい」

あえて四島一括返還ということを強調した。鳩山一郎以来、公式に首相が領土問題に触れたことはなく、いわばタブーの雰囲気さえもっていた。当時、日本の外交評論家で著名な平沢和重は二島返還論者だったが、田中は歴史的経緯から見て、四島でなければいけないと考えている。ブレジネフは先ほどまでの笑いを消し、厳しい表情に変えた。

「ほう、いきなり島の交渉ですか」

と言って受け流し、待ってましたとばかりに、ソ連主導のアジア集団安保構想をとうとうと説明しはじめた。アジア諸国は今の軍事的対抗のための同盟を否定し、安保を目的とした体制を自らが築くべきである、というのだ。この真の意図は米中及び日中の分断を図り、同時に日本の経済力と高度の技術力を取り込もうということにある。

田中も受けて立つ。「北方領土の返還なくして平和条約はなし」と、まるで繊維交渉の時の「被害なきところに規制なし」と同様の戦法に打って出た。しかし智恵の回る田中のことだ。反対と主張ばかりしているのではない。蜜もふりかけている。日本がもつ経済力と技術力を生かすことに含みをもたせるのを忘れていない。

ブレジネフの表情にわずかな変化が現れた。瞼の下の厚い肉が時折緩むのだ。唇の厳しさも一時に比べ、解かれているかに見える。領土問題に理解を示しはじめたのかもしれない。日本側にかすかな希望が湧いた。だがそれでも議論のやむ気配はない。田中の直球勝負に対し、相手はカーブで応戦というところか。いずれにせよ、ジャブの応酬が続いた。

第二回会談はその日の午後七時からはじまった。ブレジネフは戦略を変えてきた。田中が領土のことを再度持ち出すと、巧妙にはぐらかし、いきなりテーブルの上にソ連の大地図を広げた。それから何と、延々二時間弱ものあいだ弁舌をふるうのだ。

「これがチェメニ油田です。ここの埋蔵量は……」

と身を乗り出し、データを示しながら、詳細に説明する。それが終わると、次は地図上の別の場所を指差し、天然ガスや金、石炭、非鉄金属などの鉱物資源、さらには森林資源などについて、しゃべり続けるのである。

田中は我慢をし、黙々とメモをとり続ける。ここで苛立った方が負けなのだ。今は根競べの時間である。この男は日本から来た首相が世界で資源外交をしていることを熟知し、エサをまいているつもりなのだ。

（そのエサ針に食いつくふりを時にはする必要があるだろう）

なぜなら後でまた領土問題を持ち出したいと田中は目論んでいるからだ。相手を怒らせるのは得策ではない。そんなことを考えながら聞いているのだが、こんな情報は先刻から知っているとばかりで、そのうち田中には相手の狙いが読めてきた。

（領土から逃げている……）

そうとしか考えられない。時間稼ぎをしているのだ。それでいてあわよくばこの資源開発分野に日本を引き込みたいと望んでいる。ギブ・アンド・テイクのテイクだけを貪欲に狙う単純さに、田中はどうしたものかと思案を巡らせた。ネゴというよりは、一方的な主張で時間が過ぎる。

ブレジネフはしゃべり疲れたのか、コップの水に手を伸ばした。瞬時の静けさが流れる。田中はこの機を見逃さなかった。相手の呼吸の頃合いを計り、多少、強引だとは思いながらも、元のチェメニ油田に話題を引き戻した。

「貴国の豊富な資源は羨ましい限りです」

と持ち上げ気味に言い、地図上のチェメニ油田を指差しながら、

「なかでも私どもはこの油田には大いに関心があります。しかし残念ながら掛け声だけで終わっています。現実には両国の協力は進んでいません」

「ほう、なぜ進まないのですか。このプロジェクトはソ連側も望んでいるんですよ」

「その原因はどちらにあると思われますか。ソ連なんですよ。本当にやる気をもっておられるのかどうか……」

田中は正確に指摘しておかねばならないと思った。それはソ連側が提示する条件なのだ。ころころと条件を変え、そのたびに振り出しに戻る。たまったものではない。例えば、と田中は鋭く指摘した。

「このチェメニ開発計画。年間四千万トンの原油を日本へ供給するといいながら、突然、二千五百万トンに引き下げましたよね。パイプラインの案もそうじゃないですか」

チェメニから極東にあるナホトカ港までパイプラインを通すのだが、突如、鉄道に変える

と言ってきた。中ソ国境に沿ったパイプラインは危険なので、国境から離れたところに第二シベリア鉄道を敷設して運ぶというのだ。借款規模だって、当初の十億ドルから今は五十億ドルにまで膨らんでいる。田中は続ける。

「あんなこんなで、未だに手をつけられない状況なのですよ。日本には経団連に石油部会という窓口があります。同じようにソ連側も窓口を一本化してくれませんか」

ブレジネフは痛いところを突かれたというふうにぶつぶつ言いながら、しぶしぶ一本化を約束した。だが本人自身もあまり確信がもてないようである。田中はうんざりしはじめている。

（これだから共産党は困ったものだ……）

内部の路線対立でしょっちゅう条件変更が起こるのだ。チェメニには関心はあるけれど、これ以上の進展は無理だろう。問題点を指摘しただけでも成果なのかもしれない。今回は諦めるとして、最大の課題である領土問題をもう一度ぶりかえさねばならぬ。そうでなければ帰るわけにはいかない。田中は姿勢を正した。白いワイシャツの清潔な襟元が、ためらいのない意思の強さをあらわしている。

「ここで再度、北方領土に戻らせて下さい。今や私どもの関心は四島の返還にあります。私は日本国の総理大臣として、責任を持って解決したいと思い、モスクワへ参りました。お互い言いにくいことであっても、はっきりと言い合うことこそが、真の友情を育てるのではないかと信じています」

ブレジネフは「またか」と、心もち眉をしかめ、身構える姿勢をとった。逃げから攻撃に変えようとしているかに見えた。それからしばらく話は続いたが、平行線に終わる。

その夜、宿舎の迎賓館に戻った田中は、ウォッカを飲んで、相当荒れた。ブレジネフの頑固な非礼ぶりをなじった。

「怪しからん。客を招いておきながら、あんな態度があるか」

その大きな声に周りの者は心配顔を隠さない。盗聴されているかもしれませんよ、と小声で注意した。田中は大声で言い返す。

「かまわんよ。どうせ盗聴されているんだろうから」

それは田中の寸劇であり、深慮遠謀なのだ。これしきのネゴで荒れるほどのヤワではない。どうせ盗聴設備が隠されているのは分かっている。だからそれを利用しようと考えた。面と向かって非難すれば、外交上の大問題になる。だが盗聴を通じてなら、相手も公然と非難できないし、十分な意思伝達もできるのだ。それは中国でも経験ずみのことだった。

第三回目の会談は翌九日の午前十一時から開かれた。のっけから田中は北方領土の返還を迫った。親善ムードどころではない。にらみ合ったかと思えば、激論の応酬だ。とげとげしい雰囲気が漂う。ブレジネフは目を吊り上げ、

「領土問題はすでに解決ずみだ」

と、机をたたいて反撥する。

そんな時の田中は巧妙な千両役者だ。すっと目をそらす。瞬時の沈黙を置き、激した熱い

る。

空気にほのかな和解の微風を吹きつけてから、相手の顔色次第で再び攻撃をしかけるのである。

これが首脳会談というものなのか。随行の官僚たちは気が気ではない。相手はアメリカと張り合う超大国ソ連なのだ。そのトップであるブレジネフを今にも怒らせるのではないかと、ハラハラしながら見守っている。事務局同士の筋書きが役立たないことの悔しさもあるが、時には相手を圧する田中の計算された迫力に、理屈抜きの頼もしさを覚えた。結局、その日も成果はない。

会談が終わったあとの記者会見では、内容は一切、明らかにされなかった。ただ「明日も首脳会談を続行する」とだけ発表され、記者団は緊張する。このままでは日ソ共同声明は発表されないのではないかと気をもんだ。

いよいよ最後の第四回目の会談日を迎えた。焦点は最初から領土問題に絞られている。恐らく前夜の会話も盗聴していたに違いない。資源などの漠然とした議論をせず、一直線に核心でやり合う。

その核心というのは共同声明の内容についてだ。最初、テーブルに着くとき、田中は声明が出るのか出ないのか不安であった。だがブレジネフはそのことには微塵《みじん》も触れず、声明の中味から切り出してきたのである。

（ひょっとして……）

このとき田中は自分が優位に立てそうな予感がした。相手は共同声明を出したがっている。

権力維持という政治的な理由から、無駄な外交会談だったと政敵から思われたくないのであろう。政治家同士の足の引っ張り合いは日本でもあることだが、スターリン時代の遺伝子を引き継ぐこの国では、想像以上の戦いがあるのかもしれない。ここに日本側に一分の利があるかもしれないと、田中は計算した。

共同声明に「領土」という文言を入れるのか入れないのか。このことで白熱した議論が交わされた。議論というよりも、むしろ喧嘩腰の怒鳴りあいに近い。

「領土問題を解決して、平和条約を締結する……」

にしたいと、日本側は主張する。もちろん相手は入れたくない。

一方、田中としても「領土」の文言が困難なことは百も承知している。だからこそこの一点で頑張らねばならないのだ。苦しい戦いだが、何らかの妥協点を見つけるためにも、ここは突っぱねる戦術が必要なのである。

（今がそのタイミングか……）

田中はノートを閉じた。一か八かの賭けだが、直感では勝てると思っている。

「残念です。このままでは共同声明は出すのは困難です。我々は共同声明なしで帰るしかありません」

一瞬、ブレジネフはきょとんとした目を返した。不意をつかれた時に見せる無防備な正直さをさらけ出している。田中は押した。押したというより、逃げ道を用意した。

「しかし、私も国を代表してモスクワへ参っております。超大国のトップである貴殿との会談を、こんな形で終わらせるのは本意ではありません。譲れるところは最大限、譲りたいと考えています」

　そう一気に言って、脇にいる大平に相談の耳打ちをする。官僚たちは椅子ごとその周りに集まった。やがて田中はフムフムとうなずき、紙片を手にとると、顔を上げた。

「これは私どもの最終案です。もし了承していただけるのなら、共同声明を出しましょう」

　と言って、ブレジネフの目前に紙片を差し出した。

「第二次大戦時からの未解決の問題を解決して、平和条約を締結する……」

　に改められている。ブレジネフはそれに目を走らせた。先ほどの無防備な瞳に代わり、生気のある狡猾な光に戻っている。領土の文言は消えていた。

「ちょっと待っていただけますか」

　ブレジネフが立つと、閣僚たちもそれに続いてぞろぞろと部屋から出た。田中らは控えめに目を見合わせた。

　おそらく党の中央委員会にはかっていたと思われる。一時間ほども待たされた。戻ったブレジネフは咳払いしたあと、田中を見た。

「大体、これでいいでしょう。但し『未解決の問題』を『未解決の諸問題』と、複数形にしてほしい」

　田中はあえて気色ばんだ。まだ心的優位は続いていると読んでいる。

「どうして複数形なのですか。日ソ間の懸案事項といえば、領土問題だけでしょう」

「いやいや、経済協力の問題もありますよ。いろいろあるのだから、ここは複数でいくべきだと考えます」

これ以上ねばるのは得策ではない。田中は折れることにした。だが、ただでは折れないつもりである。

「分かりました。それならせめて口頭での了解をいただきたい。『未解決の諸問題』のなかには、北方四島の返還問題も含まれると考えていいですね」

田中の厳しい問いかけに、ブレジネフはちょっと脇の官僚に目を遣ったあと、

「ヤー・ズナーユ（そう理解する）」

と曖昧に答えた。

（玉虫色だ……）

まだ突っ張れる。田中はなおも強気をくずさない。

「困りましたな。それでは弱すぎます。含まれるのか、含まれないのか。一体、どちらなのですか。イエスか、ノーか、はっきりとお返事願いたい」

「ダァー（イエス）」

含まれる、と答えたのだ。ソ連の最高指導者ブレジネフが遂に認めたのである。田中は勝った。勝ったといっても、苦い勝利だ。こうして日ソ共同声明は無事、発表されたのだった。苦心のあとがうかがえる文面となった。その内容を要約してみる。

「両国は第二次大戦の時からある未解決な諸問題を解決し、平和条約の締結が両国間の真の

善隣友好関係の確立に寄与することを認識し、その前提のもとに平和条約の内容に関する諸問題について交渉した。そして両国は一九七四年の適当な時期に平和条約の締結交渉を継続することに合意した」

ところがその後、田中の運命は暗転する。正にその一九七四年の秋に心ならずもマスコミから金脈問題を追及され、総理の座を辞任するのである。それと機を一にするように、ソ連は「日ソ間の領土問題は解決済み」と繰り返すようになり、田中の努力は無に帰するのだ。そしていまだ今日に至るまで北方四島は未解決のまま放置されている。

このように、田中の失脚は後世の日本にとって、計り知れない損失をもたらした。もし彼があと一、二年でも総理でいたなら、恐らく四島は返還され、日ソ平和条約は結ばれていた可能性がある。

外交はタイミングだ、と田中はよく言っていた。米ソの対立の間合いを見計らいながら、ここぞという時が来たなら、一気に解決へ突っ走る。その呼吸は田中だからこそ分かり得るのかもしれない。日米繊維交渉や日中国交回復交渉を見れば、納得がいく。

ただ言えるのは、ブレジネフの「ダァー」の発言は歴史から消えたわけではないということだ。しっかりとメモに残されて、外務省の倉庫のなかに保管されている。田中の訪ソの貴重な成果に変わりはないのだ。とはいうものの、あくまでも口頭による了解事項にすぎず、書面の公式記録になっていないのが残念でならない。

しかし、この訪ソの結果に喜んだ人物がいる。それは田中への監視を怠らなかったキッシンジャーだった。アメリカにとっての最大の大敵であるソ連と日本が手を結ぶ。想像するだけでも腹立たしく、悪夢の域を通り越している。田中の能力を甘く見ていると、大火傷を負いそうなのは日中交渉を見れば分かることだ。キッシンジャーは落ち着かなかった。

そんなところへ共同声明が出て、内容の乏しい結末が判明した。一先ずほっとした。だが狡猾な田中のことだ。必ず数年内に四島返還を成し遂げてしまわないとも限らない。それだけの気概と迫力と智恵を備えている。そうキッシンジャーは判断し、いよいよ田中への警戒心を増幅させた。中国とは国交が回復してしまった今、とやかく言ってもはじまらない。だが次のソ連とだけは思い通りにさせてはならない。そう固く決意したという。

帰国した田中を待っていたのは石油危機だった。アラブとイスラエルの戦闘は日々、悪化し、欧州滞在中、気にはしていたのだが、こんな形で現れるとは予想もしなかった。

十月六日の緒戦では退却を余儀なくされたイスラエル軍であるが、アメリカ製の兵器はたちまち敵を蹴散らし、早くも十五日には反撃に転じた。スエズ運河を渡り、エジプトに侵入。窮地に陥ったアラブ産油国は石油を武器に代えた。原油の値上げと供給制限を打ち出し、西側諸国のイスラエル支援を阻もうとしたのだ。

十七日、アラブ石油輸出機構（OAPEC）は、原油価格を一バレル三・〇一一ドルから七十％引き上げ、五・一一九ドルにすると発表した。日本への影響は甚大である。エネルギー源の七十七％が石油で、しかもその石油の八十％が中東からの輸入に頼っている。田中が最も怖れていた事態が現実に起こったのである。

加えて、イスラエルに友好的な国、つまりアラブ諸国から「非友好国」とみなされた国に対する輸出量を、直ちに五％削減し、その後、毎月ごとに前月の五％ずつ減らすという。エクソンやシェルなどのメジャーもそれに歩調を合わせた。彼等は二十三日には原油価格の三十％引き上げを発表し、二十五日になると、十％の供給削減にまで踏み切った。その後も値上げは続く。

さあ、日本は大騒ぎである。石油パニックが起こった。俗に言う「オイルショック」である。産業界、国民とも石油のがぶ飲み体質が染みついているところへ、いきなり栄養である石油を止められ、絶食を強いられたほどの衝撃だ。生産が滞り、物価が暴騰した。トイレットペーパーや洗剤などの物不足だけでなく、買いだめや売り惜しみが起こる。石油とは関係のない塩、醤油、割り箸などの日常生活品、挙句には墓石までが暴騰する始末だ。業者の便乗値上げが更なる値上げをよんだ。

企業でも奇妙な現象が蔓延する。それは見積書である。普通、見積書には〇月〇日まで、或いは〇ヵ月間というふうに有効期限が書いてある。ところがその期限が、何と「一瞬」、或いは「一時間」となっているのだ。原材料の高騰と、仕入れへの不安がそうさせたのだろう。

（遅かったか……）

もっと早く資源外交に着手すべきだった。田中は遅れを悔やみつつも、全力で目下の緊急対策にとりかかる。十一業種に対する電力・石油の十％削減や室内温度の適正化、広告用ネオンサインの自粛などを要請。それでも勢いはとても止まりそうもない。まるで日本全国を物価高騰の竜巻が襲っている感じだ。

負のスパイラルは留まるところを知らない。アラブは日本に友好国になるよう、踏み絵を迫ってきた。友好国にならなければ原油供給を絶つというのだ。その踏み絵は二点から成る。

一つは、イスラエルに一九六七年戦争時に占領した土地からの兵力を全面撤退させる、これが紛争解決の原則であることを認めよ。二つ目は、情勢次第で日本のイスラエルに対する政策を再検討せよ。しかも後者の再検討には、イスラエルとの断交をほのめかす厳しい表現がなされていた。かくて日本は中東産油国と、イスラエルを擁護するアメリカとの板ばさみに遭い、出口の見えないなかでのた打ち回る。

そんななかの十一月十四日、キッシンジャーが中国訪問の帰途、日本へ立ち寄った。目的は一つ、日本に自制を求めようというのだ。田中をはじめ、大平外相、愛知蔵相、中曽根通産相に相次いで会い、アラブ寄りの政策へ転換しないよう強く求めた。キッシンジャーは不倶戴天《ふぐたいてん》の敵になるであろう田中を前に、アメリカの威厳を露骨なまでに表情に表し、こう言った。

「アメリカは中東紛争の解決に全力で取り組んでいます。それにご協力願いたい。アラブとは安易に妥協してほしくないのです」

「それは分かりますが、日本には日本の事情があります。それも極めて深刻な事情です」

キッシンジャーはちらっと目玉だけを動かし、聞く耳もたずというふうに畳みかけた。

「永久にとは言いません。せめて近く予定されているイスラエルの選挙まで、待ってもらえませんか」

田中は改めて相手を見つめなおした。いつあるとも知れない選挙まで待てとは、いくら同盟国のアメリカでもひどすぎる。

（この男はアメリカさえよければ、日本がつぶれても平気なのか）

産業界は悲鳴を上げている。国民だって、インフレで生活は四苦八苦だ。総理大臣として口には出せないが、このままでは日本は危ない。幸いというのか、産業界や国民のあいだには、アラブ寄りに路線を変更すべきだという意見が強まっている。自分の腹は決めてはいたが、今、はっきりと主張すべき時が来たと意識した。

「ご存知のように日本は原油輸入の八割を中東に頼っています。もしこれを切られたら、どうなると思います？　日本経済は破滅です」

「だからといって、今、日本に裏切られたら、我々同盟国は困るのです。もう少しの辛抱。辛抱をして下さい」

「ではお訊《き》きしましょう。もし我々が貴国と同じ姿勢をとり続け、禁輸措置を受けたとします。この場合、アメリカは日本に油を回してくれるのですね。供給してくれるのですね」

そんなことをするはずがない。政府といえども、日本のために民間企業に行政指導をするほどの権限は与えられていないのだ。それがアメリカという国である。田中には答えは分かっていたが、あえて尋ねてみた。キッシンジャーは顔色一つ変えず答えた。

「それは出来ませんな。石油供給については、国務長官の権限外のことですから」

「それでは困ります。私は日本国の舵取りをまかされているのです。このまま傍観して何も手を打たないのでは、国民の理解は得られません」

「というと？」

キッシンジャーは間をつなぐ。再び目玉を動かし、警戒の色をむき出しにした。田中は後ろへ引っ張られる迷いを心のなかに封じ込めながらも、きっぱりと言った。

「こうなった以上、何らかの形で、アラブ諸国の大義に共感を表す必要があります」

独自の外交方針をとらざるを得ないと強く示唆したのだった。キッシンジャーの心証を著しく害することを承知の上で、一歩、踏み出した。一歩というより、アメリカの支配体制の枠外へ、今まさに大きく飛び出そうとしているのだ。一瞬、黙ったキッシンジャーの青い瞳に、困惑と驚き、憎悪の感情が錯綜した。

田中の瞼にちらっと外務官僚らの顔が浮かんだ。彼らはアメリカとの関係を重視し、イスラエル擁護で論陣を張っている。それが日本の国益だと主張しているが、キッシンジャーが来日したのを機に、いっそう声高に叫ぶかもしれぬ。

（ここはもっと明確に意思表示すべきかもしれないな）

田中は高鳴る胸の鼓動を抑えながら、かみ締めるような口調で言った。今しがたの開き直りに改めて鼓舞される自分を意識した。

「アラブ諸国の大義に共感するというのはですね。ま、いわば日本独自の外交路線にならざるを得ない、ということだと思っています」

結局、田中・キッシンジャー会談は物別れに終わったのだった。このときキッシンジャーが抱いた田中への恨みは、裏切られたという思い込みが激しい分、まるで複雑骨折のように矯正しがたいほどにまで濃縮された。

この時の田中自身についての印象を、後の一九八二年に出版した「キッシンジャー激動の時代2　火を噴く中東」（小学館）で、次のように語っている。もちろん活字になる以上、恨みについて露骨には触れていない。

「……彼は非常に聡明で、無類に率直である。個人権力臭のある話し方は、他の国の政府首班であれば当たり前だが、その点、日本の指導者のなかでは、田中は異色だった。しかも、なんと奇妙なことに、そのために彼の発言は時には信頼されなかった。表現は他の政治家よりも明快ではあったが、不思議なことに、あまり参考材料にはならなかった。彼の発言が本当に日本側のコンセンサスを反映しているのか、あるいは個人的希望を述べただけなのか、判然としなかったからである……」

要は田中の政治姿勢があまりにも明快で独創的であり、周りの者全員のコンセンサスを得るという日本式システムを守っていないと、非難しているのである。日本人ははっきりと発言せずに腹芸で勝負し、議論を避けて密室の根回しで事を決める。そんな固定観念が強すぎ、それから外れているという理由で、田中を批判し、信用できないと断定している。そこには抑制された、それが故にいっそう強烈な田中への恨みが見え隠れしている。

キッシンジャーが帰った後の十一月二十二日、田中は遂にアメリカの堅固な垣根を飛び越えた。アラブ支持を明確にする新中東政策を発表したのである。イスラエルの武力による領土獲得と占領に反対し、一九六七年の戦争時に占領した地域から全イスラエル軍が撤退することなど、四原則を明言した。親アラブへの転換だ。国を守るための田中のやむを得ぬ決断だった。

田中は直ちに三木武夫副総理を中東へ派遣し、説明にあたらせる。その結果、アラブ各国は日本を「友好国」とみなすのである。油は確保され、ようやく日本は一息ついた。アメリカの怒りという高い代償を払ってではあるが、どうにか国の破滅を免れた。危機一発のところであった。

「石油の一滴は血の一滴」という通産官僚の言葉が新聞紙面に躍り、商社は高値摑みをものともせず原油商談に参加して、次々と落札をした。それでも物価高騰の勢いは留まるところを知らない。まさに決壊した大河の激流を想わせた。

ところが後日分かったことだが、信じられないことに、この頃、実は世界の石油は余っていたのだった。サウジアラビアの当時の石油相ヤマニの証言がある。

「石油危機とはいったけれど、当時、世界に石油は十分にあり、不足していませんでした。石油不足は心理的なものであり、人々は理由もなくパニックに陥ったのです。なぜならアラブ諸国からの供給が減れば、消費国はその分を他の供給源から入手できる仕組みになっていますからね。また、石油会社というのはいろいろな操作をします。石油を複雑に移動させ、われわれの指示とは違った供給をするものです。われわれもそのことを知っていました」

当時、欧米のメジャーは莫大な利益を上げたことが分かっている。アラブ危機に便乗し、独占的な供給網を複雑に操作して、自己の利潤追求に邁進した。産油国とメジャーが仕組んだとは思えないが、少なくともキッシンジャーが関連しているメジャーが巨額の儲けを溜め込んだことだけは否定できないのである。

この頃、田中の盟友で右腕ともいわれた大蔵大臣の愛知揆一が急性肺炎で急死した。田中は深い悲しみに見舞われるが、日本の状況を見ると、感傷に浸っている余裕はない。急遽、政敵である福田赳夫に会い、後継蔵相就任を要請する。財政緊縮論者であり、互いにことごとく対立してきた人物だ。だが田中は彼に頭を下げるのである。

「この難局を乗り切れるのは貴方しかいません。ぜひご協力願いたい」

田中は実利をとった。妙な遺恨にこだわらない。ここは対立派閥の長である福田の力を借りてでも、政権与党が一体となって日本の危機を救わねばと考えた。苦しい英断である。

福田は思慮深い男だ。抜け目がない。その代わり、と言って、田中のオハコである日本列島改造論の取り下げを迫った。田中は短い呻吟《しんぎん》の末、それを受け入れたのだった。危機に瀕した時の田中の懐の深さがうかがえる。そして福田と二人三脚でインフレ退治と石油不況の克服に取り組むのである。

5　反日感情の東南アジアへ

昭和四十八年（一九七三）十二月十四日、ちょっとした異変が田中に起こった。参議院の予算委員会に出席していた田中の答弁がどうもおかしいという。内容ではなく、表情と口調に乱れがあるというのだ。翌日、東京逓信病院で診察を受けたら、ストレスと疲労が原因の顔面神経痛と診断された。その自信たっぷりに見える外観とは裏腹に、内心では極度の苦闘が繰り広げられていたに違いない。

（何のこれしき……）

田中はへこたれない。資源外交はまさにこれからだと思っている。資源だけではない。日本は海外、とりわけアジアでエコノミックアニマルと呼ばれて評判がすこぶる悪い。がむしゃらに働き、アジアを足蹴りにして金を稼ぎ、セックスツアーに繰り出す下品なアニマルだというのだ。

（だからこそ自分が海外へ出かけ、外交を展開せねばならぬ）

貿易立国日本の将来を磐石にするためにも、それらの誤解を解き、合わせて資源問題も論じて、東南アジアとの絆を強めておくことが重要だ。世界経済が動揺している今こそ胸襟を開くチャンスではないのか。俺の真骨頂を見せてやる、と意気は高まるばかりだ。

　ところがそんな田中に正月気分もさめやらない三日、キッシンジャーからの警告が届く。

「日本は自国の都合だけを考えて石油危機に取り組もうとしている。この日本の試みは自殺行為にほかならない」

　警告というより、まるで脅迫に等しい。

（相も変わらぬ一方的な男だな）

　田中は無視することにした。外務省経由で在米の日本大使館から、いつも通りの返事を出させて日本の立場を伝えた。

　幸い顔面神経痛の方は、病院の通院治療と自宅での鍼《はり》療法で一先ず治癒までこぎつけた。だが完治とまではいかないのか、時に症状が出る。息の長い付き合いになるのかもしれない。


　そんななかで田中は昭和四十九年（一九七四）一月七日から東南アジア五ヵ国を回る旅に出た。直前、現地での強烈な反日感情や治安の悪さを理由に周囲から延期を勧められたが、きっぱりと断っている。

「心配は有難いが、やはり俺は行くよ。行かなきゃならん。一番つらいのはこの俺だ。口のひん曲がったこの顔が、世界中のテレビで映されるんだからな」

　彼の理想実現に向けた強い意気込みに、周囲も諦めと、同じ政治家としての或る種の羨望《せんぼう》を抱いた。

　だが田中のその強い意気込みは、最初の訪問国フィリピンを除き、タイとインドネシアで手ひどいパンチを浴びせられるのである。予想を超えた反日の嵐だった。

それは先ず二番目の訪問先のタイではじまった。前年の十月に長く続いた軍事政権が大学生による民主化デモで崩壊し、タンマサート大学学長のサンヤによる文民内閣が成立した。主役を演じた学生たちの熱気はいまだ熱く燃え、日本の経済進出に露骨に反発していた。ちょうど日本企業が東南アジアへの資本進出を本格化しはじめた時期でもあった。

九日の昼前、バンコックのドムワン空軍基地に到着し、サンヤ首相らの出迎えを受ける。そのあと車で空港を出たところで、いきなり三百人ほどの学生に取り囲まれた。プラカードや幕を派手にかかげ、「経済帝国主義者日本」とか、「タナカ帰れ」などと口々に叫んでいる。

車はパトカーに先導されてどうにかそこを抜け出し、宿舎のエラワン・ホテルに向かう。だがそのホテル前の大通りには五千人の学生が集まり、気勢を上げている。「日本商人反対」、「ジャップは帰れ」などと罵声を浴びせる。とんだ歓迎である。ホテルの近くに日本貿易振興会（ジェトロ）がある。その前で、数名の学生が「くたばれ　日本のエコノミック・アニマル」と大声で叫び、田中の肖像や似顔絵に火をつけた。

（これほどまでに日本は嫌われていたのか……）

事前には報告を受けていたけれど、実際、見るのとは現実感のレベルが違う。官僚のリポートだけでは切実感が乏しいし、作文されているかもしれない心配もある。が目で見、耳で聞き、肌で感じた実感は多くを教えてくれた。これで腹を割った話が出来そうだ。押し切ってでも来てよかったと、そんなことを田中は考えていた。

（よし、学生と会おう）

日本の総理大臣がプラカードに恐れて逃げた、などと思われるのは心外だ。前代未聞の行動だが、田中はこれを実行する。サンヤ首相との会談が終わった午後、一時間半にわたり学生代表と対談をもったのである。貿易不均衡問題から文化摩擦に至るまで、互いに忌憚《きたん》のない意見を交わしたのだった。田中らしい率直さが見られた行動ではあった。

この学生騒動では、あれほど世界で暗躍しているCIAは姿を見せていない。むしろCIA自身も別件でデモの対象とされ、非難されたくらいである。だがその後に訪れるインドネシアでは事情が異なる。田中打倒の周到な計略がCIAにより準備されていた。もちろん田中は知るよしもない。

十一日のシンガポール、十二日のマレーシア訪問は穏やかな雰囲気のうちに終わり、いよいよ一行は今回の外遊の最大目標であるインドネシアの首都ジャカルタへと向かう。そこでは本格的な資源外交が予定されていた。

ジャカルタのハリム国際空港は異様な雰囲気に包まれていた。田中ら一行が到着する十四日の夜である。サーチライトの光が、うだるような暑さの闇を高く切り裂いて、明るく照らし出している。数百人の学生集団が抗議のシュプレヒコールをあげ、空港の外側に固まっていた。

と、空港内のどこに隠れていたのか、十数人の学生が横断幕を掲げていきなり前面に走り出てきた。ちょうど日本代表団を乗せた日航特別機のドアがあいたところである。素早く軍隊が駆け寄り、すぐに取り押さえた。

田中はタラップを降りると、手を差し出しながら出迎えのスハルト大統領に歩み寄る。固い握手を交わしたあと、そそくさと車に乗り込んだ。声明を読むという行事もなければ、楽団演奏も軍の閲兵式もない。簡素な出迎えだ。それは明日から田中を向かえるであろう民衆の険しい空気を予感させた。日本大使館は身の安全を優先したのだ。「万事簡素に願う」と申し出たため、代表団の待遇が形式的に国賓から公賓へと格下げされていた。

だが仕事の方は重要案件が待っている。先ず前年に仮調印していたＬＮＧ（液化天然ガス）を二十年間にわたり、毎年七百五十万トンずつ輸入し、その見返りに二億ドルの円借款を提供するという契約の本調印がある。次にバリ島東部にあるロンボク島に大型石油基地を建設し、中東から運んできた原油をそこで半製品に加工して、日英仏に輸送するという壮大な構想を煮詰めることだった。

このロンボク案は前年に田中が西欧を訪問した際、直接、英独仏の首脳に提案してあった。しかし野望はそれだけには留まらない。このメンバーに、さらにオーストラリアのウラン資源共同開発をも組み込み、アジア太平洋エネルギー経済圏の確立という、巨大なエネルギーセンターの構築を目指していたのだった。この雄大な計画は、雄大であるが故に、キッシンジャーの怒りにさらなる火を注ぐこととなる。

キッシンジャーを逆なでする会談の議題がまだあった。田中は石油大国サウジアラビアの高官をジャカルタへ呼び、日本、インドネシア、サウジアラビアの三国間で資源協約を結ぼうと考えた。そのきっかけを作る第一回会談を設定していたのである。だが実際、サウジアラビア高官はジャカルタまで来るには来たのだが、激しい反日暴動で御破算となった。実現しなかったのである。

アメリカの許可もなしに田中はサウジ高官までよぼうとした。キッシンジャーは個人的な堪忍袋の緒を切るだけでなく、国益が損なわれる重大事と捉えた。国務長官として放置するわけにはいかないと決意する。アメリカの大義への挑戦と受け止めたのだった。

田中が来る数日前、インドネシア・キリスト教大学に、全国から各大学の学生運動のリーダー約四百人が集結し、反政府、反日本の集会を開いていた。スハルト政権の目に余る汚職と、それに結びついている日本企業への反撥が渦巻き、大々的な抗議を市内で行う戦術を練っているのだ。アジ演説は時間とともに激しさを増してくる。

「十五日だぞ。忘れるな。いよいよ群衆が立ち上がる日だ」

「全国の学生は先頭に立て。インドネシア全土で行動せよ」

「インドネシアの新聞に日本商品の広告を載せるな」

その頃、どの新聞も学生の側につき、連日、激しく日本企業への攻撃を繰り返していた。長年、スハルト政権の汚職に対する不満を強権的に抑えられてきて、鬱憤がたまり、その噴火口を日本企業へ向けていたのだろう。いずれにせよ、反日一色に染まったメディア論調は、ますます学生の反日感情を高めることとなる。

学生たちの行動は非常に用心深かった。田中が到着した翌十五日の早朝、インドネシア大学の構内で、学生が高くそびえる熱帯樹の木陰に三々五々、集まってくる。それから、あちこちに点在する内庭や芝生の上に、数十名単位で分散して座った。読書をしたり談笑したりで、普段の朝の光景が保たれた。四百人ものデモ隊がいきなり街に繰り出したのでは目立ちすぎる。分隊に分ける作戦なのだ。

午前八時。さあ、出発だ。一団が動き出すと、待機していた他のグループも少しずらせて、断続的にそれに続いた。裏門から出て、路地を抜け、大通りのサレンバ通りに出た。一斉にプラカードが掲げられる。どれもこれもが日本企業や田中を攻撃する文言が躍っている。

その動きは他の大学にも広がっていた。インドネシア大学から十キロばかり離れた私立の名門校トリサクティ大学でもぞくぞくと学生が集まっていた。

サレンバ通りを過ぎたデモ隊は、あちこち方角を変えながら、田中とスハルトが首脳会談を開く大統領官邸のムルデカ宮殿に向かう。この頃にはデモ隊は最初の四百人から路上で次々と群集を吸収し、三千人近くにまでふくれ上がっていた。叫び声が熱気を煽り、熱気がまた叫び声を煽る。

官邸に近づくと、ぎっしりと国軍が配置されていて、一歩も近づけない状態だ。陸海空の三軍と戦車十五台、それに治安警察官千人がデモ隊と睨み合う。そのうち警備車両から勢いよく放水が行われ、たちまちデモ隊は細い路地裏へと追い返された。

「トリサクティ大学をめざせ」

リーダーの叫び声で一斉に西へ進路を変える。運河沿いに北上して、午前十一時過ぎに大学に着いた。二つの大学の学生が合流し、キャンパスでいっそう大きな集団となって反日の気勢を上げた。その後、幾手かに分かれて、再び街に繰り出した。

その頃、ジャカルタ市内のあちこちでは、集まった群衆がゲリラ的に暴れ出していた。それらが次第に引き寄せ合い、騒乱となって、どんどん他の地区に伝播《でんぱ》していく。学生の姿よりは、むしろ圧倒的にならず者や労務者、若者、それに年端もいかない少年らが主役になっている。商店を破壊し、店を略奪し、獲物を探しながら、わめき声とともに街を流れる。さながら無法地帯と化していた。

もともと治安の悪かったスネン地区では、放火や破壊が繰り広げられ、もう手がつけられない状態になっている。治安部隊でさえ厳しく取り締まろうとしたが出来なかった。ジャカルタ一のメーンストリートであるタムリン通りでさえ、数万人の暴徒でうずまっている。

その通りに面したトヨタの合弁会社「トヨタ・アストラ」の本社ビルには、五千人もの暴徒が我先にと押し寄せた。ショーウインドーが叩き壊されたばかりか、展示中の三十数台の新車が燃やされて、黒い鉄の残骸となる。目抜き通りはまるで戦場と化した。

その頃、田中はどうしていたか。初日の十五日、予定通りムルデカ宮殿の会議室で大統領のスハルトと向き合っていた。宮殿の周りは厳重な警備が敷かれ、外の騒乱が別世界の出来事のような静けさを保っている。もちろん騒乱の状況は逐一、報告を受け、日本側は全員が知っていた。会議がはじまり、ちょっとした小休止のとき、田中は随行の外務官僚から耳打ちされ、宮殿外の予定はすべてキャンセルされたと伝えられた。

（まあ、この状況だ。仕方なかろう）

田中は複雑な思いをかき消し、鷹揚にうなずいた。それというのも、対面するスハルトの態度がどことなく気に食わないからである。気に食わないからこそあえて平静をよそおった。はるばるやってきた遠来の賓客が国民から罵声で迎えられたのに、冒頭、「遺憾の意」の表明はあったものの、何となくよそよそしいのだ。礼を尽くした言葉で巧みに口先を飾っているが、本心は田中の五感を通して正直に伝わってくる。

（これは心理作戦かもしれないな）

前大統領のスカルノから、他人によるクーデターにつけ込んで政権の座を奪ったほどの兵《つわもの》なのだ。これから佳境に入る会談を前に、相手に不快な思いをさせ、心を乱させる魂胆なのか。まさかそのためにデモを放任したわけでもあるまいが、ここは気づかぬふりをするのが賢明かもしれない。そう田中は考え、平静をよそおったのだった。

（それに……）

と田中は思った。元々、スハルトはアメリカ寄りの人物なのだ。親共路線をとる前大統領スカルノが、油田でも国有化をめざし、激しくアメリカと張り合った。怒ったアメリカはたまたまそんな時に起こった政権クーデターのごたごたを利用し、スカルノ政権を倒そうとする。ＣＩＡを使って国軍少将のスハルトに肩入れをし、念願の親米スハルト大統領を誕生させた経緯がある。

誕生した途端、待ってましたとばかりにアメリカ資本がどっとインドネシアの石油、天然ガス、鉱物資源などに群がった。そしてがっちりと利権の杭《くい》を打ち込んだのだ。貪欲なスハルトも黙っていない。その利権にロイヤルティ（権利保有者に対して支払う対価）を要求し、一方、裏でも賄賂を受け取り、巨富を築くのである。そんな経緯からスハルトとＣＩＡは今も密な関係が続いているという。

そう考えると、今回の会談にアメリカ政府の圧力がかかっているとしても、不思議ではない。強引なキッシンジャーのことだ。十分に可能性はあるだろう。だからしゃにむに会談を成功させるという意欲に乏しいのかもしれない。

しかし、これまでの事務レベルでの態度を見ると、本気でエネルギー事業の構築に乗り出す意欲がありそうな気もするのだ。そこが迷うところである。このエネルギー危機の時代だ。政権をさらに安定化させるためにも、自前の資源を活用するチャンネルを広げる工夫をするのは、為政者として当然だろう。

「それでは……」

というスハルトの張りのある声が聞こえてくる。田中はもう迷うのをやめた。ことここに及んで、じたばたしても仕方がない。当初の方針通り、成果めざして全力を尽くすだけだ。資源のためである。たとえインドネシア国民から罵声を浴びようとも、やらねばならぬのだ。そのために今、この宮殿にいるのではないか。田中は再び気力を充満させた。

スハルトはそんな田中の内面に気づいているのかいないのか、淡々とした口調で事務的にプロジェクトの説明を続けている。先ずアサハン計画について、日本の全面的な参画と支援を強く求めた。

これは北スマトラにあるアサハン河の豊富な水と、ボルネオ島のボーキサイトを組み合わせ、大々的にアルミ精錬工場を作ろうというものだ。戦前から続いた年季ものの計画である。相手側としては二千人以上の雇用が見込め、資源の加工度も上がって、工業化につながるメリットがある。

一方、日本側としても石油価格上昇のため火力発電に頼るアルミ業界が窮地に立っていた。いわば両者の思惑が一致する。そのため田中はオールジャパン体制を敷き、総開発資金の九割近くも日本が拠出する腹を固めていた。当初、予定されたアメリカは不参加となっている。

(ま、これは手垢のついた、いわくつきのプロジェクトだ。スハルトの本心を確かめねば……)

日本の出資は構わないが、途中で逃げられたのでは困る。トップ同士としてのこの辺の押さえも重要だ。田中は持ち前のネゴ力を発揮し、官僚たちの助けを借りながら、未解決事項を次々とクリアーしていく。場数を踏んだビジネスマンを彷彿《ほうふつ》とさせた。そしてプロジェクトは合意に達し、遂にこの日から動き出したのだった。肩の荷が一つおりた。

続けてLNGプラントへの資金援助が論じられ、これも合意される。残るはロンボク島の石油基地となる。田中は身を乗り出した。

「これが完成すればですね。危険なマラッカ海峡を通らなくても、日本へ石油を運ぶ航路が確保できるのです。我々としては大いに協力する覚悟でいます」

　ここでスハルトはちょっといぶかしそうに上目遣いの目を向けた。

「そこですよ。まだまだ今のインドネシアでは外資が必要です。しかし、ご承知のように学生たちは日本の援助に反対しています。困ったことです」

　そう前置きをして、日本側の経済協力の実態を詳しく説明してほしい、と注文をつけた。

　田中はピンときた。交渉を有利に運ぼうと、牽制球を投げているのだ。

「確かに日本企業のインドネシア投資は増大しています。これは認めましょう。ジャカルタのメイン通りは日本製品の広告であふれているのは事実です。しかし日本は貴国で企業支配をするなど、そんな考えはまったくありません。ご安心いただけませんか」

「なるほど。それはよく分かりました。でも学生たちは、日本の対インドネシア投資が世界のなかで断トツの一位なのを快く思っていません」

「そうでしょうか。それは貴国の貿易統計のあり方が問題だと、私は認識しています」

　田中は決然と反論した。インドネシア政府が発表する、外国資本の対インドネシア投資の公式データに大いなる問題があるのだ。「石油、ガス、投資サービスを除外する」となっている。この分野にこそアメリカが巨額の投資をし、資源利権をほとんど独占しているのである。ところがこの項目がはずされ、残りの分野の投資額で国際比較をしている。除外された投資額で見ると、日本の四十四・四％はアメリカの十・五％をはるかに超え、不動の一位であるが、もし含めれば、天と地の違いに逆転する。田中はやや感情的になるのを抑えられず、目を鋭く光らせながら説明を続けた。

「それに、二位のフィリピンですが、これにはアメリカ資本が投入され、フィリピン経由でそっくり貴国に流れ込んでいます。いわばアメリカの資本そのものなんです。もしこれら全てを勘案すれば、日本の投資額はまだまだです。とてもアメリカの比ではありません。どう思われますか」

「でも統計は統計でしょう。我々、専門の人間には分かっていますけれども……」

スハルトは言葉を濁した。

(逃げてるな)

これ以上追求しても意味がない。田中はそう判断した。アメリカと組んできた彼を責めるのは酷というものだろう。むしろアメリカの狡猾な外交を褒めるべきかもしれない。自国が有利になるように、そういう統計表現に仕向けてきたのだから。事情はどうであれ、インドネシア国民は誤解した数字で日本企業を見つめているのだ。それをどう和らげていくかが目下の課題である。田中は現実問題に戻った。外で進行しているデモに思いを馳せながら、

「日本のビジネスのやり方についてですが、商社などの経済活動で、正すべきところは正すのにやぶさかではありません」

と率直に述べて、一つの提案をする。

「私は両国の文化交流を進めたいと考えています。『東南アジア青年の船』というのを運行しましょう。その船に青年たちが乗り、互いの交流を深めるのです。これは小さな、しかし

着実な第一歩になると信じます」

外ではますますデモは激しさを増していた。そんななか両国首脳は生産的な議論を続けた。懸案のロンボク島石油基地の開発協力もまとめ上げ、合意する。

その夜、大統領官邸で夕食会が催された。吹き荒れるデモのために外出禁止令が出され、招待客の多くは欠席した。閑散とした寂しい宴会となった。挨拶に立った田中は、デモのことが気になるのか、再び青年の船に言及し、意義を強調した。

翌十六日もデモは荒れ狂った。田中ら一行は終日、大統領府に閉じこもり、ひたすらデモの収束を待つ。

そんなとき、どんな取引があったのか、学生指導者の代表ハリマン・シレガルがジャカルタ市長の懇請で、突然、テレビカメラの前に立った。民衆に落ち着いて冷静になるよう呼びかけたのだった。

「真の民主主義を取り戻したい。このために私たちは行動を起こしました。しかし暴力だけでは何も解決しません。すでに政府も日本側も、皆さんの意思を十分に理解したことと思います。さあ、これから以前の平穏な生活に戻ろうではありませんか」

この呼びかけを契機に、あれほど激しく荒れた騒乱も徐々に下火になっていく。山を越えた感じがした。一先ず胸をなでおろす。しかし散発的なゲリラ行動は収まらず、万が一ということもある。外出は控えた。そんな午後、記者会見がひらかれている。デモのことを聴かれ、田中は無難に受け流した。

「学生デモはどこにでもあります。日本にもアメリカにもね。一つの意思表示の手段だから、これは構わないと思いますよ。ただ群集の突発的行動と重なった場合、思わぬ結果にならないかと、そういう思いでいます」

「しかし一国の総理が国民からこういう迎え方をされました。どう思われますか」

「いえ、そんなに気を悪くしてはいません。むしろピンチをチャンスにしたいと考えています。私の訪問中にこういうことが起こったのは、或る意味、よかったと思いますね。両国の友好を推進するにはどうするのがいいのか、真剣に考えるチャンスになりました」

白いハンカチで額の汗をぬぐう田中に、記者がなおも食い下がる。

「インドネシアだけでなく、東南アジアで反日の嵐が吹き荒れています。このままでは日本との関係が悪くなる一方だと危惧しますが……」

「悪化はしないと確信しています。また、そうはさせません。お互い人間ですからね。努力すれば必ず理解できると思いますよ。とりわけ資源に乏しい日本は、インドネシアをはじめ、いろんな国からの資源輸入や開発輸入をしていかなければなりません」

と言って、具体的にアメリカ、オーストラリア、カナダ、ブラジル、アルゼンチン、ニュージーランド、フィリピン、ソ連の名をあげた。頭のなかにはそれらの国々との資源交渉の詳細がしっかりと記憶されている。記者から質問があれば、差し支えのない範囲で答えるつもりでいた。が残念ながら質問は出なかった。最後にこう締めくくっている。

「先ほどピンチをチャンスに、と言いました。日本もインドネシアも、これを機に、『禍を転じて福となす』の精神で、いっそうの友好を深める努力をして参るつもりであります」

これで公式日程はすべて終わった。街の騒乱はまだ散発的だがくすぶっている。安全の面からインドネシア側の強い要請もあり、翌朝の空港への移動は空軍のヘリコプターを使った。何だかこそこそ逃げ帰るようで田中は嫌だったが、仕方がない。スハルトと一緒に乗り込み、十分ほどの飛行の後、厳重に警戒されたハリム国際空港へ着いた。簡素な見送りを受けながら特別機は離陸し、ここで東南アジアへの資源外交は一先ず幕を閉じる。

機内の窓から地上を見下ろした。白く輝くコンクリートの建物、密集した赤色の民家の屋根、それらを取り巻く緑の木々が、次第に小さくなって遠ざかる。そしてその向こうに広大な田園風景が果てしなく広がり、さらにその奥は深い森が続く。あの激しかった略奪と騒乱は想像さえできない。まるで嘘だといわんばかりの平和な長閑《のどか》さだ。田中はいつまでも見とれていた。

会談は成功裡に終わった。プロジェクトは予定通り、ほぼ合意にこぎつけている。だが田中の心は晴れない。反日感情があるのは聞いてはいたが、これほど激しいとは思わなかった。情報収集に甘さがあったのか。いや、そうとは言えまい。大使館員たちは一所懸命やっている。

（それにしても、これほどの仕打ちを受けるとはな……）

学生デモはどこの国にでもある。だが今回のは、外国元首を狙い打ちした民衆蜂起であった。なかでも、さすがにトヨタ車の焼き討ちはいささかショックだった。釈然としない気分が田中の胸を重くしている。

経済活動で反省せねばならぬ点も多々あるだろうが、外交とは難しいものだ。日本はアメリカやイギリス、フランスのように武器で取引が出来ない。いきおいカネという資本力だけに頼らざるを得ず、それが放縦《ほうしょう》になって、行き過ぎた面もあったろう。武器外交の国々と比べれば、いわば片肺飛行のような苦しさがある。

だが、と田中は思い直した。その困難を乗り切るために自分は首相になったのではなかったのか。権力維持だけが目的なら、こんな苦労を買って出る必要はない。資源外交なんていう、これまでどの内閣も手をつけてこなかった難題に、挑む必要はない。アメリカという大国からの有形無形の圧力を覚悟してでも、あえて自分はこの課題を最優先に置いた。初志貫徹だ。

幸い東南アジアでのその第一歩は今回、踏み出せた。やはり日本の将来は資源確保にかかっている。これは間違ってはいない。徐々にではあるが、再び田中のなかに気力が滲み出てきた。


この民衆騒乱で田中が抱いた釈然としない気分は、その直感の正しさが後に証明されている。その時点では田中は気づいていなかったが、インドネシア内の諸要因とアメリカ、というよりもキッシンジャーの意図が関連して、起こるべくして起こった騒乱であった。

ハリマン・シレガルという医師がいる。騒乱時にテレビカメラの前で民衆に収束をよびか

け た学生運動の指導者だ。彼は放映が終わった途端、その場で逮捕され、政府転覆罪で禁固六年の刑を受けて服役した。

ハリマンは外国資本による経済侵略に反対し、あくまでも外資を補完的に使って、インドネシア自身の産業を興すべきだと主張していた。当然日本企業もその対象である。そこで彼はその強い立場から、スハルト大統領にも何度か会って、意見を述べている。刑を終え、スハルト独裁体制も崩壊した後年、自分はデモは率いたが、騒乱とは無関係であり、全くの無罪である。騒乱は誰かが意図的に引き起こしたものだと吐露している。

ハリマンによると、大統領官邸にデモをかけた時やスハルトと対談した時も、田中の訪問にはまったく触れておらず、それが突然、反田中に風向きが変わって、自分たちの知らないところで暴動が起きていたというのだ。スネンのマーケットに火がつき、タムリン通りでトヨタのクルマが焼かれて略奪がはじまったのも、誰かの扇動だったと言うのである。単なるデモから意識的に暴動へもっていった複数の実行犯がいると証言するのだ。

ハリマンが服役している同じ牢屋に暴動の実行犯も入っていた。彼は軍人のアリ・ムルトポ一派から金をもらって、騒ぎを起こしたと自分に打ち明けたという。犯人の多くはベチャ（人力車）曳きの親分とか、ムルトポを取り巻くイスラムの名士だった。しかし実際の黒幕は、ＣＳＩＳとつながっている華僑だと断言するのである。

ここで二つのキーワード、アリ・ムルトポとＣＳＩＳ（インドネシア戦略研究センター）が登場する。

ムルトポ准将は秘密工作を担当する大統領補佐官で、スハルトの側近である。軍部内では、階級が星二つ上のスミトロ将軍と敵対し、長年、スミトロ抹殺の機会を狙っていた。そこでわざと民衆騒乱を引き起こし、治安責任者のスミトロ将軍に責任をとらせて辞任させる。その謀略を練り、実際に実行したのである。街の顔役やならず者、失業者、若者らに金を渡して騒ぎを起こさせた。自己の政治的野望を力ずくで達成するという、いわば単純な動機であった。田中などはどうでもよかったのである。軍上層部の権力闘争にたまたま田中のインドネシア訪問を利用したに過ぎない。

だが大統領官邸で懸命に資源交渉をしていた田中には、そんな謀略の存在を知るよしもない。違和感を感じながらも、ひたすら国益のために頑張っていた。

一方、CSISはムルトポとは別の目的をもっていた。この組織は一九七一年にスハルト体制を支援するために設立された公の政策シンクタンクなのである。アメリカ政府やCIA、アメリカの有名大学などと密接な関係をもつ華僑系の知識人が中心になり、立ち上げたものだった。ムルトポとも深い絆で結ばれていた。いわば彼らは皆、アメリカンファミリーなのだ。その一員であるムルトポが金を渡してならず者たちに放火や暴動をさせた、とハリマンは証言しているのである。この意味は深い。

学生運動がなぜ短期間に反日、日本排斥に変わり、さらには突然、反田中になって大衆暴動へとつながったのか。この空気を変えたのは何なのか。これについて、彼はムルトポやCSISのみならず、いろんな連中が複合的に関わったと考えている。アメリカの息がかかったマスコミは連日、反トヨタ、反日本の報道を繰り返していたし、親米派や欧州留学組の識者たちは、外国資本といったとき、頭からイコール日本と置き換えて、強引にその方向にもっていった。

アメリカが背後で反田中を煽ったとすれば、資源が鍵だろうと言うのだ。資源メジャーは、スハルト政権の早い段階で参入し、市場をほぼ独占している。そんなアメリカの舞台へ田中がずかずか乗り込んで来たのなら、結果は見えている、と慎重な言い回しで述べるのである。

ハリマンの指摘は鋭い。あの反日暴動、反田中暴動は偶発的ではなかった。個人的謀略というムルトポの裏に隠れたアメリカの強い意思こそが、張本人だったのだ。一方向へ引っ張っていこうとする強烈な意図が感じられる。それはCIAであり、それを操るキッシンジャーの意図なのだった。

日本を潰す気はないが、田中個人を潰したい。アメリカの許可もなしに、独自に資源外交を進める田中を失脚させたい。その絶好の機会が田中のインドネシア訪問だった。そのためにCIAは周到な事前準備を進めてきた。親米派のムルトポとも示し合わせ、ファミリーを総動員し、暴動に火をつけたのである。キッシンジャーの一念、恐るべしと言うべきか。だが田中はまだそのことに気づいていない。

実際、CIAにとってはこれくらいのことは朝飯前だ。CSISメンバーやマスコミ人に深く食い込んでいたし、海外留学組には欧米滞在中に接近し、物心両面で味方に引き入れている。マスコミ人には現ナマを渡せば即効が期待できた。このCIA手法は世界のどこの国でも見られるし、現在の日本においてさえ、生きているのである。

二〇〇三年に他界した飯田経夫という経済学者がいる。彼はインドネシア暴動のとき、ちょうどジャカルタにいた。帰国後、反日暴動はアメリカに仕掛けられたものだと周囲に語ったという。

6　満身創痍

　一九七四年四月二日、フランスのポンピドー大統領が六十二歳で急死した。白血病だった。田中は驚いた。知らせを聞き、まだ信じられない思いを引きずったまま、半年ほど前の彼の腫《は》れた黒ずんだ顔を思い浮かべた。そのときすでに点滴を受け、激痛のさなかにあったという。にもかかわらずそんな素振りも見せず、田中にアフリカ・ガボンでの森林鉄道建設を身振り手振り熱心に語った。そして別れ際に握手したときの力の強さは、いまだに手のひらに忘れることの出来ない記憶を刻んでいる。どれもこれもが熱い思いで一気に胸によみがえってくる。

（あれが政治家の姿というものか）

　田中は重病に気づかなかった自分の迂闊さを悔《く》いつつ、ポンピドーのなかに真の政治家としての鏡を見せてもらった気がした。

（まだまだ精進が足りないな）

　血圧が高いからとか血糖値が高いからとか、何だかんだと文句をつけている自分の甘さを恥じた。

（行こう。すぐにフランスへ行くのだ）

資源外交に対する自分の決意を再確認するためにも、棺《ひつぎ》のなかのポンピドーに会わねばならない。そしてメスメル首相と前回の議論の続きを前進させねばならない。田中は即座に訪仏を打診した。フランス政府は諸外国のなかで一番早い日本の意思表示に感激した。折り返しメスメルからも丁重な感謝の言葉が届いた。

ここで田中は発想を変える。意表をつく行動に出た。在仏日本大使館に命じ、国葬に参列する各国首脳との会談を組ませたのだ。アメリカに事前相談をする気はない。いわゆる独自の弔問《ちょうもん》外交のはじまりである。それまで日本の総理で、これをやった人はいなかった。日本的な道徳観からなのか、むしろ弔問だけに徹するのが礼にかなっていると一方的に考えていた。しかし田中は発想が異なる。常に頭のなかにあるのは国益なのである。

続々と前向きの返事が各国から返ってきた。田中の資源への傾斜に皆が関心を寄せているのがひしひしと伝わってくる。田中は意欲を燃やした。まだまだゴールは遠いけれど、走らないことには前へ進まないのだ。

最初の弔問外交はソ連とのあいだではじまった。特別機が給油のためモスクワのシェレメチェボ空港に立ち寄ったのだが、そこでコスイギン首相が田中を出迎え、あわただしい中で会談がもたれたのである。

前回の田中・ブレジネフ会談後、日ソの経済協力はあまり進んでいなかった。中ソ関係が冷え切ったなか、航空協定交渉など、日中間の協力が順調に進展し、それを見て、ソ連側は日本への警戒心を強めていた。

そしてもう一つ、大きい根本的な理由が控えている。それは相変わらずソ連が領土問題を切り離して、政経分離方式を望んでいることだ。しかし田中は正面からそれを押し返す。経済協力と引き換えに、何とかして四島返還と平和条約のセット交渉へ持ち込みたいと願っている。

両者の隔たりは大きいが、首脳同士が会うことが最良の策だと認め合っているのが心強い。たとえ細くても、一本の共通認識があるのは明るい材料である。だからこそなのか、田中もコスイギンも、遠慮なしに意見をぶつけ合った。

田中はあきらめない。妥協をせず、粘り強く主張し続けた。前回の会談を通じて得た対ソ連交渉術なのだ。ふっと本音をさらして妥協をしたくなるけれど、我慢した。周恩来の時とはどこか違うと思った。この国とは、得体の知れないこんにゃくを相手に殴りあうような、そんな根気のよさが求められる。地道な交渉の積み重ねでいくしかあるまい。田中は期待できないと思いながらも、ボールを投げ続ける。北方領土に触れて、幾度となくコスイギン首相の来日を求めた。

「ぜひ日本へいらして下さいよ。私だけでなく、貴方も一度お見えになりませんか」

「まあ、そのうちに……」

と言いながら、コスイギンは曖昧に誤魔化すのだ。それでも互いに感情的な喧嘩はしていない。古だぬき同士のジャブの応酬というところか。空港での会談ということもあり、結論は出なかったが、田中にとって想定の範囲内である。

パリに入り、ホテルで一息つこうとしたところ、再びソ連高官の訪問を受けた。最高会議幹部会議長のポドゴルヌイである。シベリア開発の具体的な協議をはじめたい。そのためにソ連側の担当官僚を日本へ行かせ、構想の詳細を説明したいというのだ。

「じゃあ、その結果を元に、コスイギン首相へ報告を上げるということですね」

と、田中は念を押す。

(小さな一歩だな)

しかし、このコスイギンへの一歩がなければ次へ進まないだろう。機を見るに敏なのは古参のビジネスマン顔負けだ。妥協のタイミングが来たと田中は判断し、提案に合意した。

四月六日のパリ・ノートルダム寺院。さすが歴史の古い文化の大国、フランス大統領の葬儀である。世界各国からの要人が勢ぞろいした。田中は神妙な面持ちで、ポンピドー大統領と交わした幾多の会話のそれぞれに思いを馳せながら、深い祈りを捧げた。

葬儀が終わると、俄然、要人の動きが活発になる。弔問外交がはじまったのだ。田中は真っ先にメスメル首相と会い、会談を持つ。メスメルはこの時も田中の早い訪仏の意思表示に謝辞を述べ、友好裡に話は進んだ。

先ずガボンの鉄道建設では具体的な手順が決まる。日本から三十億円の借款が決まり、動き出した。濃縮ウラン購入についても、反対していた電力会社との調整が日本出発前に終わり、フランスとの協議はようやく山を越えた感じである。それからもう一つの重要案件、ニジェールでのウラン鉱の共同開発プロジェクトだ。これは三者の合弁会社で、日本の海外ウラン開発株式会社と、フランス原子力庁、ニジェール政府が参加する。これも合弁会社が立ち上がり、軌道に乗ったのだった。

フランスのあとは西ドイツのブラント首相が待っていた。今や資源の田中はまるで売れっ子のスターだ。注目の的である。しかし田中は自分が活躍すればするほど、アメリカの表玄関の芝生を土足で荒らし、キッシンジャーの怒りを増幅していることに気づいていなかった。むしろ順調な資源外交に気をよくし、いっそうの自信を深めていた。

ブラントには、前から呼びかけているシベリア開発計画を持ち出した。西ドイツが参加することで可能性が飛躍的に高まるからだ。三ヵ月前のインドネシアでの暴動を思い出しながら、自説を述べる。

「石油危機は資源のない発展途上国を直撃しています。このままでは世界不安が起こりかねません。ここは国際協調で知恵と資金を出し合い、シベリアの資源を開発することで乗り切りたいと考えています。先進国のみならず、途上国のためでもあるのです。ぜひ協議のための声をかけていただきたい」

「シベリアは地理的に遠いですね。しかし西ドイツとして興味がないわけではありません。これから前向きの連絡を取り合いましょう」

前回よりも数歩進んだブラントの回答だった。

ちなみにこの田中の途上国支援の考え方は、甘い理想主義としてキッシンジャーの猛反発を食っていた。田中は国連の資源総会で途上国支援の国際世論を作ろうと、力を入れていたのだ。ここでも田中はキッシンジャーと真っ向から対立している。

キッシンジャーは直接の名指しこそしないものの、こう田中に警告していた。

「西欧や日本などの友邦国は共通の利益のために協力すべきだ。もしそうしなければ、最後はすべてを失うことになる。アメリカ外交の当面の課題は、そのことを友邦国に納得させることにある」

そして後の自著『キッシンジャー激動の時代』第三巻「核と石油の世界戦略」のなかでも、田中の主張をこっぴどくこき下ろし、もしその考えを実行すれば、「アメリカは世界から孤立するだろう」と述べている。危険人物田中のイメージはますます彼のなかでふくれ上がるのだった。

さて、話は田中に戻る。分刻みの忙しさが続く。

（次はイギリスだな）

気が張っているからなのか、疲れを感じない。扇子をぱたぱたさせながら、反対の手で汗を拭き拭き、急いで待たせていた車に乗り込んだ。新首相になった労働党ウィルソンとの会談である。保守党の前首相ヒースから政権の座を勝ち取ったばかりだ。田中としては北海油田開発のことで前政権が約束した条件を変えられては困るのだ。その確約を得たかった。とりわけ外国資本締め出しに転換しないかと危惧をしていた。しかし結果は田中の希望通りで終える。

カナダのトルドー首相とも会った。豊富な埋蔵量のウラン鉱とタール・サンドについて熱く語り合い、日本の関心を示した。オランダのユリアナ女王とオーストラリアのハズラク提督とも会っている。

このように田中は精力的に弔問外交を繰り広げたのだが、最も熱望していたのはアメリカのニクソン大統領との会談だった。この頃、日米間は田中の資源外交をめぐり、ぎくしゃくしていた。

（どうしても修復しておかねば……）

ねじれた日米関係の修復である。資源が乏しい日本にとって、自主外交は必要なのだ。そのことを理解してもらいたいと思っている。ニクソンとはこれまで何度か会っているし、意志疎通はできそうだ。彼なら分かってもらえそうな期待もある。部下のキッシンジャーは非難ばかりで、聞く耳をもっていないが、大統領ならもっと高い立場から判断してくれるのではないか。

そんな期待を抱いて会ったのだが、結果は散々だった。散々というのは、一時間ほどの会談のあいだ、ニクソンは心ここにあらずという感じで、上《うわ》の空だったからだ。

というのは丁度その頃、ウォーターゲート事件で国会やマスコミ、世間から激しい非難を浴びていた。日本どころではなかった。自分の身が危ういのだ。田中が繰り出す貿易不均衡や資源などの問題も、ただうなずいたり、素っ気なく反対したりで、議論がかみ合わない。田中は失望を隠しながら、丁重に対応したのだが、その四ヵ月ほど後に大統領が辞任に追い込まれたのを知り、合点がいったのだった。

アメリカを除き、弔問外交は上々の出来だった。田中は外交というものに対し、場数を踏むごとに自信を増した。

そこで得たことがある。通常、会談内容のほとんどは官僚が事前に作ったシナリオで進める。けれどもシナリオ、つまりトーキング・ペーパーにないアドリブこそが成功不成功のカギを握るということだ。適度のアドリブが、固い雰囲気に寛《くつろ》ぎと生気をかもし出し、当事者同士が無意識のうちに警戒の鎧を脱ぐのを助けている。人間性を相手にさらす無防備さが、かえって信頼感を植え付けるのだろう。このアドリブは田中の最も得意とするところであった。それは青年時代の事業経営で獲得した営業的な資質だったのかもしれない。

田中が外交上の自信をつけるのに反比例して、健康状態は悪化した。持病のバセドウ病は体調を狂わせ、血圧と血糖値は尋常な値ではない。見た目には頑丈そうで健康に見えるが、体のなかはボロボロだった。それでも田中はあまり気にしていないのだ。病気の知識に乏しいのか、それとも鈍感なのか。相変わらず醤油をたっぷりとかけ、舌が千切れそうになるほどの特別辛い塩鮭を食べる。そこへ底なしの酒である。体にいいはずはない。

それでも意気だけは盛んだ。三ヵ月後に控えた七四年七月七日の「七夕《たなばた》参院選挙」は、どんなことがあっても勝たねばならないと思いつめている。田中内閣の再生を賭けていた。というのも、三年前の選挙では幹事長として臨んでいるが、議席を伸ばせず、責任をとってその職を辞任した。今度は初めて総理大臣として戦うことになる。負けるわけにはいかない。もし敗北すれば、参議院で与党が単独過半数を獲得できなくなるかもしれないからだ。

それに経済情勢も最悪だ。インフレである。労働組合はその年の春闘で、石油危機に端を発した物価高騰を理由に三十%を超えるベースアップを要求した。その結果、賃金は一挙に三十%強も引き上げられ、それがさらにインフレに拍車をかけるという悪循環に陥った。国民は政府の無策を声高に非難する。石油危機などの言い訳には聞く耳をもたない。

与党不利の予兆は十分にあった。前年四月の名古屋市長選で保守の現職が社共推薦候補に敗れているし、その二ヵ月弱あとの大阪参議院補選では、自民党の森下泰が共産党の沓脱タケ子に負けた。その流れはいまだ衰えていない。息もつけないほどの逆風が吹いている。

マスコミは「いよいよ保革逆転か」とか「自共対決時代きたる」など、煽《あお》りに煽っている。首相としての田中は危機感をあらわにした。負けられない命がけの戦いである。

田中は周囲に宣言した。

「閣議と外交関係以外、すべての日程は選挙の遊説《ゆうぜい》にあてるぞ」

その言葉通り、ヘリコプターと新幹線を縦横に使って全国を飛び回る。ゆうに四万五千キロを踏破《とうは》した。東京からワシントンまでの距離の四倍にあたる。機中でのお握り昼食もたびたびだ。新潟と名古屋でヘリが不時着する騒ぎを起こしたが、意に介さない。汗をかきかき重い体を引きずりながら、寸暇を惜しんで列島を駆け回った。

だがこの負けられない戦いは、田中に巨額の選挙資金を使わせることとなる。全国区に三十五人、地方区に六十五人の候補者をたて、逆風のなか選挙カーを走らせねばならない。カネは湯水のように注がれた。全国区は広大で、ハガキや封書を一度出すだけでも百万通が必要だ。その切手代や印刷費、宛名書きだけでも億単位のカネが要る。「十当七落」、つまり十億円かければ当選するが、七億円なら落選するという噂も流れた。地方区も「五当三落」と囁かれ、マスコミは「金権政治」と攻撃する。

にもかかわらず聞こえてくるのは自民党不利の声である。社会党は労働組合を使って組織戦を挑み、着実に票を積み上げる。一方、自民党には組合員の支援はない。そこで田中は企業に目をつけた。相手が労組ならこちらは企業だ。候補者ごとに具体的に企業を割り当て、応援してもらうのだ。各社は幹部を動員して後援会を作り、支援した。

しかしこれも「企業ぐるみ選挙」「金権選挙」と、マスコミの指弾を受ける。そして選挙の五日前、決定的な爆弾が炸裂したのだ。社会党書記の堀米正道が、中央選挙管理委員会委員長の名で、企業ぐるみ選挙を痛烈に批判したのである。

「企業ぐるみの選挙は問題だ。もし雇用や取引関係を通じ、何らかの強制が伴うとすれば、思想・信条の自由の原則が阻害される恐れがある。この際、関係者は良識ある行動をとられるよう要請する」

堀米はれっきとした社会党員である。その彼が中央選管委員長を務めるのはどうなのか。まるでボクシングの選手がジャッジも兼ねているようなもので、制度上の疑義は否めない。当然ながら自民党側もすぐさま、これこそ職権を乱用した選挙妨害だ、と反撥する。

「労組の選挙運動はよくて、企業のそれは悪だというのは、あまりにも一方的ではないか」自治省の選挙部長は記者会見で堀米の発言をとらえ、「軽率かつ遺憾だ」と表する。だがすべては後の祭りである。マスコミは堀米発言だけを大きく取り上げ、田中の選挙手法を徹底的に攻撃した。そして案の定、この発言は自民党に大打撃をもたらした。それは即、田中への大打撃であった。保革逆転こそならなかったものの、自民党の単独過半数は不可能になった。保革伯仲の時代へと入ったのである。

敗れた田中の立場は弱い。マスコミや世論からも叩かれている。弱り目に祟《たた》り目とはこのことか。ここにきて自民党内部からも田中批判が噴出した。田中は自民党が一人でも多く当選するようにと、自派にこだわらず、対抗する福田派や三木派の候補者にも存分に資金援助をした。弱いと見れば、派閥の区別もつけずにヘリで応援に駆けつけた。それが今や、批判と攻撃の対象となったのである。対抗派閥の領袖《りょうしゅう》たちが口をそろえる。

「田中はカネ、カネだ。人の懐まで手を突っ込んだ」

言い方もあるものだ。政治の戦いとはこういうものなのか。彼らは田中からの資金の恩で配下たちが当選したのに、田中が世論から袋叩きにあっているのを見ると、たちまち豹変した。自分は悪者ではないという印象作りに励んだ。悪いのは田中一人だ。田中が自民党を悪くした。そう彼らは叫んだ。

その叫びは世論やマスコミの支持を受け、大きな流れとなった。この流れに乗らない手はない。浮上して覇権を握る絶好のチャンスなのだ。これ以上、田中に協力する義務はない。もう領袖らに迷いはなかった。

　選挙から五日目の七月十二日に、環境庁長官を兼務する三木武夫副総理が、田中の金権政治体質を批判して辞任する。続いて十六日、福田赳夫蔵相と保利茂行政管理庁長官も辞職した。内閣の両翼を失った田中は、気丈にも落胆の様子を見せず、その補充にとりかかる。が心のなかは釈然としない。

（いったい何が起こっているのか……）

　あまりにも急激な潮の流れに思考の空間がうまらないのである。思えば、「狂乱物価」と名づけて自分の経済政策を批判したのは福田だし、「企業ぐるみ選挙」と公然と批判したのも三木だった。派閥が異なるとはいえ同じ政党の同志なのにと、寂しい思いもする。

（それにしても、やはり不可解だ……）

　それは流れそのものの不可解さではなくて、その勢いなのだ。どんどん弾みがついている。これが政治力学というものかもしれないな。田中はそう思おうとした。

　その政治力学の動きだが、ここに至る短い期間、三木と福田のあいだに共通ゴールを目指した連携プレーがあった。もちろん田中は知らなかったが、この二人の領袖は密接に意思疎通を図っていたのである。三木の方から福田に連絡をとり、上野の池之端にある梶田屋という旅館でひそかに会っていた。

　三木武夫は世の空気の変化に敏感で、世間からバルカン政治家といわれている。その時々の状況変化を素早くキャッチし、敵と味方を目まぐるしく変えて生き延びていく政治家だ。現にその手法で後に田中を追い落とし、総理の椅子に座るのである。自分では大衆政治家だと称しているが、それはあたらない。むしろ田中の方が相応《ふさわ》しいだろう。

三木は明治四十年（一九〇七）に徳島で生まれ、明治大学を出て政治家になる。大派閥に属さず、常に少数の議員を率いて多数派を牽制してきた芯からの苦労人である。そのためなのか、人一倍、被害者意識が強く、粘着質で執念深い。

その負の性格に今回、田中が侮蔑《ぶべつ》の辛子を塗りつけたものだから、三木の怒りはおさまらない。今回というのは七夕選挙のことだ。三木には城代家老と呼ばれる子飼いの久次米健太郎が現職でいた。徳島選挙区は一人区で、自民党公認は一人だけである。ところが田中は新人の後藤田正晴を強引に公認候補に仕立てた。久次米は外されたのだった。

さあ、三木の怒りは大変なものだ。怒髪天を衝くとでもいうのか、田中への怒りと恨みで激しく老顔を引きつらせた。並々ならぬ恨みを抱いた。マスコミはこれを「三角代理戦争」と呼んで野次馬的にはやし立てた。三木の「三」と、角栄の角の「三角」である。三木派は総動員で戦い、久次米の無所属当選を果たしたのだった。これを機に、三木はいっそう深く田中への恨みを沈潜《ちんせん》させる。

（それにあのとき部屋もくれなかったな）

あの恨みは大きい。思い出すだけでも胸がむかつく。以前、自分が副総理になったとき、あれほど懇願したのに、官邸内に副総理用の個室を用意してくれなかったのだ。結局仕方なく総理府内の部屋へ通うことになった。田中は経費節減だとか何とか言って弁解していたが、どうせ出まかせに違いない。そんな侮辱された思いをずっと消せずに、執念深く今まで引きずっていたのだった。

話は先の梶田屋旅館に戻る。簡単な盃を交わしたあと、三木は探るような奥深い目で福田を見た。くぐもったひそひそ声である。

「このままでは党の将来はありませんな。近代化は一向に進まないし、あるのは派閥争いだけですわ。それと巨額のカネ。私はもうこんな汚れた内閣にいるつもりはありません」

「というと？」

「辞任するつもりです。福田君もどうですか。一緒に辞めませんか」

慎重居士の福田は言葉を濁したが、内心では辞める決意をしていた。

三木は翌々日、単身、目白の田中邸へ足を運び、田中にその旨を告げている。そして事務所に戻ると、間髪をおかずに記者会見をひらいた。マスコミが期待する言葉をぽんぽん披露し、党改革のために辞任するのだと、正義感を全開にして演説した。そう、演説なのである。

「金権政治は諸悪の根源だ。自分は自民党の金権体質を徹底的に改善するつもりです」

マスコミはそんな三木に拍手喝采を送った。三木のマスコミ操縦術は見事なものである。まるで大見得《おおみえ》を切る歌舞伎役者のように、観客の顔色を見ながらここぞというところで殺し文句を投げる。舞台に観客を引き込み、ともに改革作業に共演するかのような共感を植えつける術《すべ》にたけていた。

三木は自信満々である。これほどの大事を決行したにもかかわらず、迷いが見られない。この頃、キッシンジャーの手先の在日ＣＩＡから、何らかの情報を得ていた可能性が高い。

三木がマスコミからもてはやされるにつれ、田中への批判と攻撃が増して、それは冷たく、とげとげしいものへと変わっていく。田中内閣は誰の目から見ても、きしみはじめていた。だが田中は弱音を吐かない。あえて楽観視しようとした。

（秋の臨時国会までにはまだ時間がある）

その時までに三木派、福田派との協力体制を固めればいい。それに九月十二日からはメキシコ、ブラジル、アメリカ、カナダの四ヵ国訪問が控えている。今はそれに備えての体力養成だ。そう考えた田中は夏休みに山中湖畔のホテルにこもった。秘書官らと一緒に休養とゴルフの合宿である。弱みを悟られないよう、表向きは物価問題の研究ということにした。

ホテルでは早朝は部屋の窓をあけている。健康法とまではいえないが、外を見ながら何度か深呼吸をする。深い谷間の斜面をうずめた木々の緑葉が、まだ朝露が残っているのか、太陽の光を浴びて、きらきらと輝いている。蝉の高い鳴き声を背に、一筋二筋と胸を洗うような涼風が入ってきた。汗かきの田中だが、この時間だけは自然の風に体がなじむようで快い。

だが田中の疲労は深かった。疲れきっていた。ゴルフをしていても、散歩をしていても、重い疲労が体の芯から抜け出ない。もう相棒のようになってしまった高血圧と高血糖は続いたままである。無知とでもいうのか、それを忘れるために無謀にも、オールドパーの水割りをあおるのだ。

そんななかでゴルフは時間を忘れさせる。澄んだ空気は気持ちいい。アルコールが肺の奥から霧散し、それに代わって芝の青い香りが鼻腔に満ちる。この日も朝早くから芝の上にいた。

パー・スリーのショートホールでのことだ。ティーショットを打ち終えた田中が坂を下ったのはいいのだが、アップの丘のところで急に尻がふらついた。どうにも足が動かず、よろけそうになった。脇を歩いていた秘書があわてて両手で尻を持ち、一緒に上方のグリーンのところまで押し上げた。田中は浅い呼吸をしながら、

「参ったな。ふらついちゃったよ」

と明るそうに弁解するのだが、肩で息をする姿がいたましかった。健脚と若さを自慢していた田中だが、参院選の心労と無理がたたったのかもしれない。そのことを秘書が言うと、田中は苦しそうに笑いをこしらえ、減らず口をたたく。

「だからこうして、体力作りをしているのさ」

達者な舌とは裏腹に体は正直だ。以後のコースのアップダウンは自力ではかなわず、年老いたキャディに尻を押されながらようやくその日のワンラウンドをこなしたのだった。

夏休みを終えたが、その後も田中の健康は着実にむしばまれていった。しかし政治への関心は衰えていない。前向きの意欲は以前にも増して旺盛に燃えている。

(まだまだやるべきことが多く残っている)

国内のインフレ収束に加え、念願の資源外交だ。これを片付けないことには話にならぬ。

そんなか二つの事件が続けて起こった。

一つは八月八日にニクソンがウォーターゲート事件の責任をとって辞任したことだ。このとき田中は、キッシンジャーはそのまま残っていることだし、日米関係は変わらないだろうと楽観視した。気づかなかったこととはいえ、ここに田中の人間としての甘さがあった。人のよさとでもいうのだろうか。キッシンジャーの居残ったことが後に田中の命取りにつながっていくからである。

日米関係は変わらないとしても、資源外交だけは進めねばならない。その思いは不変である。反対しているアメリカを引き続き説得する必要があるだろう。そこで田中は懸案事項を実行したいと考えた。フォード新大統領の来日である。受けてもらえれば儲けもの。ダメで元々なのだ。

さっそく外務省に折衝させたところ、意外にあっさりと受諾の返事がきた。十一月に訪日してもいいという。アメリカの現職大統領が日本へ来るのははじめてだ。

(これはいいチャンスだ)

日米対等の姿を国民に印象づけ、落ち目の支持率回復に結びつけたいものである。運が回ってきたと思った。

そして、事件の二つ目は八月十五日に朴韓国大統領が狙撃されたことだ。在日韓国人の文世光に銃撃され、脇にいた妻が死亡した。使われた拳銃は日本の警察から盗まれたものだと分かる。田中は責任を感じ、葬儀に出席した。

「たとえ韓国籍であっても、犯人は日本に住んでいるんだ。隣国でもあるし、夫人の葬儀には俺が行く」

釜山《ぷさん》への日帰りとはいえ、疲れた体にはきつい旅だった。だがそんな弱音は口から出ない。総理大臣にしがみつきたいからではなく、日本のために尽くしたい気持ちが、体を前へ前へと引っ張るのだ。その一途で純な心根《こころね》は、政界という汚濁に満ちた権謀術数の海のなかで、もう何十年ものあいだ純粋培養のように保たれているのは驚きである。国民のためにという固い信念がそうさせているのであろう。

中南米から北米へと渡る、広大な米大陸縦断の訪問が近づいてきた。もちろん資源がテーマである。

気力は充実しているけれど、如何せん体の調子がよくない。バセドウ病が悪さをし、活発になりすぎる新陳代謝のために、大量の汗が吹き出る。日課となっている自宅での真夜中の勉強は続けているが、時に食欲がなくなり、また時に不眠になり、だるさが体のなかに蔓延している感じである。

この真夜中の勉強はもう何年になるだろう。今もそれをやっている最中なのだが、田中はふと扇子をもつ手をとめ、窓越しに闇夜にそびえる庭木に目を泳がせた。深い静寂に吸い込まれるように遠い昔に思いをはせた。二十八歳で衆議院議員に初当選してからだから、かれこれ三十年弱も続いていることになる。長いようで短かったその年月に、これまでの自己の政治家人生をそっと投影させた。淡い感傷が胸を撫でるなか、記憶の断片が鮮やかによみがえる。

いろいろあった。小学校卒の男が総理大臣に選ばれた時の世間の熱狂ぶりは、面映《おもはゆ》いくらいだったが、正直言って、うれしかった。小学校卒が東大卒に勝ったからというのではない。——大学出などに負けてたまるか。努力さえすれば必ず勝てる。

その信念を胸に、コツコツと勉強を重ねてきたのが成就したのであるが、その生き方の正しさが証明されたのがうれしいのだ。

かといって、自分は学歴がないのを卑屈《ひくつ》に思ったことはない。学歴はあるに越したことはないが、ないならないで、やり方がある。単純なことだ。人の何倍、いや何十倍も自分で勉強すればいい。この考えは政治家になってからではなく、幼少の頃から今に至るまで心の内側にたぎっているし、自分の体内を貫く太い心棒を形成している。

そして実際、田中はこの生き方を後に脳溢血で倒れるその日まで保ち続けたのだった。血の滲むような日常の努力の積み重ねなのである。彼の日常生活を見ると、それがよく分かる。

外国からの賓客があれば別だが、夜の料亭には殆んど毎夜、顔を出す。が、大体八時半には目白の自宅に帰っている。玄関を上がると、先ず入浴だ。それから、宴会での食事にはあまり手をつけないことにしているので、夫人特製の塩と醤油で濃く味付けしたチャーハンを山盛り一皿たいらげる。あとは寝室へ移り、バタンキューで仮眠をとる。仮眠というのは、夜中の十二時頃になると、ごそごそとベッドから抜け出し、脇にある机に向かうからである。

一時間ほどかけて役所から持ち帰った未読の書類や資料、手紙などに目を通す。斜め読みもあれば、丹念に読み込む時もある。そして数字などの大事な個所は暗記に努める。後に田中が総理大臣になったとき、マスコミや役人から記憶力のよさを指してコンピューター付きブルドーザーと呼ばれたが、これはあたらない。たった一度や二度、数字を見たからと言って、記憶できるものではない。田中はこのように一所懸命、夜中に暗記に励んでいたのだ。並大抵の努力ではない。

そして次の一時間は「国会便覧」からはじまる。丹念にページをめくり、これまた暗記作業が続く。衆参両院の全国会議員の氏名、顔写真、略歴、秘書名。常任委員会一覧表と各党役員名簿、さらには議員の当選回数、得票数、趣味など、これらを三六五日欠かさず続けるのだ。もちろん役人についても同様で、全省の幹部の氏名や生年月日、入省年次、家族構成、趣味等について、覚える。これらの作業のとき、必ず国土地理院の五万分の一地図を広げて照合させていく。各選挙区の道路や橋、地形、集落なども覚えるのだ。驚くべき努力ではないか。大臣や幹事長、首相の要職にいた時でさえ、毎日二時間こつこつと深夜の勉強を続けていた。

田中魔術は省庁の役人たちにも及ぶ。たとえば大臣室で課長から説明を受けているとき、ふっと田中は彼の子供が通う学校名をあげ、

「〇〇君は元気にしていますか」

とさりげなく声をかける。課長は驚き、一介の管理職に過ぎない自分のことをそこまで知っ

てくれているのかと、感激して、一気に親密度のネジを緩める。家族の誰かが亡くなると、そっと花や香典を届ける。祝い事の祝儀や病気見舞いの品も欠かさない。こういった気配りを田中角栄という政治家は何十年ものあいだ根気よく続けていたのである。もちろん仕事の勉強も綿密で、課長や課長補佐たちの信頼を勝ち取るのに時間はかからない。万事、田中流なのである。

こういった努力を田中は苦にしなかった。つらいと思ったことがない。勉強と気配りこそが学歴社会に立ち向かう唯一最大の武器だと、常に自分に言い聞かせ、終生の癖にしてしまっている。

この勉強癖は、松下電器（現パナソニック）を創設した松下幸之助（一八九四―一九八九）にも共通したところがある。幸之助も尋常小学校を四年で中退しており、元首相の池田勇人に言わせれば車夫馬丁《しゃふばてい》の類だ。車夫馬丁とは、教養や教育のない者という差別的表現をさす。

大松下を引っ張る幸之助は社長や会長のとき、寸暇を惜しむ忙しさだった。部下の役員や部長は皆、一流の学校を出ている。経営会議で議論をするとき、彼らは学問で得た内外の経営知識を駆使し、論陣を張る。幸之助も負けてはいない。勝とうというのではなく、暗黙ではあっても、学問のなさを見破られるのが癪なのである。自身の経営経験を中心に据えながらも、読書で得た知識で補強して、「せやけどもなあ……」と、柔らかい大阪弁で応じる。

そんなことで、この読書は幸之助にとっては必須の栄養剤だった。書店に並んでいる経営書を片っ端から読み込んだ。趣味は必要性に迫られた読書だといえる。ただそれを読む場所が普通でない。移動の車の中なのだ。経済学者で経営学者でもあった大阪市立大学教授の故安部隆一は当時、幸之助に経営のアドバイスをしており、二人とも大阪人ということで、仲がよかった。その安部がよくこのように言っていた。

「幸之助さんは本当に勉強家ですわ。いつも寸暇を惜しんで移動の車の中で経営書を読んではる。大学出なんかに負けてられへん。そう言うのが口癖や。本を読んでるか、寝てはるかのどっちかなんや」

――大学出なんかに負けてられへん。

あの天下の松下幸之助でさえ、大学卒という学歴を死の直前まで意識していたという。ただ田中が生きた時代（一九一八―一九九三）に二人がどういう接点をもっていたのかどうか、今となっては不明である。しかし大権力者、大成功者でさえ学歴のなさから逃れられなかったという事実は、興味深い。両者ともその弱点を自己の勉強熱に変換しているところが、凡人と異なる点だろう。

さて中南米・北米への出発を前にした田中は、体調不良について、かん口令をしいていた。その内情を詳しく知るのは、従兄弟で第一秘書を務める田中利男だけだった。古来から民衆というものは気力・体力ともに充実したリーダーに惹《ひ》かれるものだ。リーダーが弱みを見せた途端、とりわけ身体的な弱みをさらした場合、一瞬にして力を失う。政治の世界も同じである。だから田中はいっさい他言しないよう命じていたのだった。

九月十二日、一行は最初の訪問先、メキシコへ向けて飛び立った。そこで田中を待ち受けていたのは、ほかでもない高山病だった。標高二千二百四十メートルのメキシコシティでは、健康な訪問者でも軽い高山病にかかる場合が多い。田中の心臓は悲鳴をあげた。深夜のホテルへ医者をよび、酸素吸入器を使った応急処置のお陰でどうにか回復したが、周囲の目には先が思いやられた。

(何のこれしき。大丈夫だ)

強がりではない。どういうわけか、何とかなるという楽観がいつの時も田中を支配しているのだ。二十代のとき、死地をさまよった経験がある。肺炎で、もう誰もが死を覚悟したその最後の瞬間に、なぜか突然運命の針が動き出し、奇跡的に命を取り留めたのだった。

酸素吸入を受けて一息ついたあと、田中はその頃のことをベッドのなかで思い出していた。若い時に刻まれた記憶というものは、いつの歳になっても、みずみずしさを失わないものだ。遠い昔の時間が、まるで昨日のことのように正確に脳裏を駆けていく。懐かしくもあり、つらくもあった日々を改めて思い出し、今回も回復への希望が湧いてくる予感を頼もしく思った。

昭和十三年(一九三八)の春、二十歳になった時である。故郷の柏崎で徴兵検査を受けることとなり、甲種で合格した。そしてその年の暮れに、盛岡騎兵第三旅団第二十四連隊第一中隊への入隊通知を受けた。満州での勤務である。

新兵たちは広島の宇品《うじな》に集められ、貨物船に乗せられて関門海峡を通過。さらに一路、日本海を北上して北朝鮮の羅津港に着いた。そこから汽車に乗り換え、満朝国境も過ぎ、さらにトラックに積まれて、北満州の松花江（ソンホワ川）に到着する。長くてきつい旅路であった。その川のほとりにある富錦がこれからの駐屯地だ。

戦況は緊迫している。入営したのは昭和十四年四月だが、その直後の五月十三日にノモンハン事件が起こった。日本が糸を引く満州国とモンゴル人民共和国の国境ノモンハンで、日本とソ連のあいだで大規模な武力衝突が発生したのである。

日本軍は壊滅したという噂が流れた。田中の中隊は富錦から前線に向かうべく、命令次第でいつでもウラジオストックに出発する態勢をとった。が、どういうわけか命令は下らず、田中らは命拾いし、ホッとした。

（これはついてるな）

死地でのほんの一時の安堵であった。だが安堵といっても、まだ深い悲しみを引きずったままである。少し前、肺結核で病床についていたすぐ下の妹のユキエが亡くなったという電報を内地から受け取っていた。妹の死は人一倍家族思いの田中の心を深く沈めた。

富錦での冬は厳しい。連日マイナス三十度になり、粉雪が一日中、強い風に乗ってどんよりした空に舞っている。栄養の乏しいところへ、風邪でも引けばイチコロだ。

そして、ユキエの死から約一年半後の秋、今度は田中自身に不幸が訪れる。突然、肺炎にかかり、野戦病院に担ぎこまれたのだ。病名はクルップス肺炎で、右乾性胸膜炎も併発しているという。すぐに近くの陸軍病院へ移された。あれほど頑丈な体だったのに、高熱にうなされ、意識不明の重病である。しかし時間とともに徐々に熱は引き、といっても出たり引いたりの繰り返しだが、どうにか意識の方は戻ってきた。

田中は元来、健康には自信をもっており、病気を甘く見ていた。すぐに直るだろうと、たかをくくっていたのだが、なぜか次々と病院をたらい回しにされる。それからも五、六ヵ所は転々とした。そのあげくに予想もしなかった内地送還の命令が下ったのだった。こうして昭和十六年二月、寒風が吹きすさぶなか、二年間を過ごした大陸を離れた。

大阪に着くと、直ちに天王寺にある日赤病院へ運び込まれる。一ヵ月近く入院するうち、病状は急速に回復に向かった。その間、病院を抜け出し、重い肺を病んで入院している、下から二番目の妹のトシエを見舞いに行っている。

田中の病状は一進一退だったが、再び高熱が出、今度は担架で東北方面行きの患者専用列車に乗せられた。仙台陸軍病院の個室に入れられ、二週間ほど四十一度の高熱をさまよう。ここに至って田中もようやく病気の深刻さを知った。軽い患者は大部屋に、重病者は二人部屋に、そして危篤に近い患者は個室に入れられるのを知ったからである。自分は個室を割り当てられている。

そんな夜、トシエの死去を知らせる電報が届いた。この日は少し熱も引き、意識は戻っている。涙は出なかった。予期していたからではない。自分ももうすぐトシエのところへ行くのだという、静かな覚悟がそうさせていた。ユキエに続いてトシエが逝き、戦地で散った戦友たちもそうだが、田中は人の命のはかなさを、身近な皮膚感覚でとらえた。

（そろそろその時なのか……）

灰色の壁を蜘蛛が一匹、ゆっくりと這っている。その間、死の前の儀式が、臥せた田中の眼前で事務的に行われる。軍医と一緒に現れた衛生兵が、棚から田中の財布を取り出した。金額を数え、紙幣の番号と、続いて時計の番号もノートに記録した。軍医は最後に何の感情もあらわさず、

「食べたい物があれば、何でも食べていいぞ。遠慮せずに言いなさい」

という言葉を残して病室を出た。

ところがここで奇跡が起こる。それは奇跡としか言いようがなかろう。田中は死ななかったのだ。それから二、三週間もちこたえたあと、或る日、山を越え、急速に回復に向かったのである。熱も微熱のレベルまで下がり、体のだるさは確実に改善している。田中は不思議な気分だった。生還の喜びはないことはないが、先日逝ったトシエへの感謝の念が胸を圧している。

（トシエが俺を救ってくれたのだ）

きっとそうに違いない。特別の宗教を信じているわけではないが、トシエの意思が自分に代わって宿業を背負っていってくれた。医師から見放された死地からの生還は、理屈では説明できない深遠な感情を田中の胸にうずめたのだった。

――兄さん、もっと生きなさいよ。

そう叫んでいるように聞こえてくる。トシエとユキエはあの世で、自分を見守ってくれている。二人のためにも、自分は生きて生き抜いて、何かを為さねばならぬ。どうせ一度は捨てかけた命だ。思いっきりこの世で自分を試してみよう。戦地で戦うもよし、事業をするもよし……。

だが運命は又もや思いがけない選択をする。肺結核と診断されていた田中に、突然、除隊通知が出たのである。兵役の免除だ。運命は残る事業の方へ進めと言っている。田中はそう受け取った。トシエとユキエの意思を大事に胸の奥にしまい、わずかばかりの身の回りの物をリュックに背負って上野駅行きの列車に乗った。そして後に事業家から国会議員の道へと進むのである。

窓のカーテンの隙間から日の強い明かりが、薄い一枚の光のシーツのように洩れてくる。田中は浅いまどろみから覚め、ゆっくりと体を起こした。もう高山病は消えている。

(昨夜はとんだお出迎えだったな)

そんな冗談が喉の奥から出た。早起きの田中にしてはよく寝た。

どうやら田中の体力は回復したようだ。見た目には、一応、そのように見えた。声にも張りが出て、いつものだみ声に戻っている。随行の官僚らと早朝のブリーフィング（簡潔な打ち合わせ）をすませると、足早に迎えの車に乗り込んだ。

だがやはり体はまだ回復途上にあるのだろう。体の芯にだるさが残っている。会談では田中は気力を振り絞り、議論に応じる。水分をこまめに補給する一方、その分、汗もかいた。いつもの田中らしい冗談めいた余裕が見られないのは気にかかるが、時間が経つにつれ、次第に血色がよくなってきた。

挨拶がすみ、本題に入ると、メキシコ側は冒頭から、進出しようとする日本企業への苦言を呈した。予想通りの出方である。

「どうして日本企業はこうも同じなのですか。皆、事前調査に時間をかけ過ぎて、アクションが遅い。それに目先の利益にとらわれ過ぎですな」

と言い、もっと企業の尻をたたいてほしいとの注文だ。田中はインドネシアでの経験を思い出しながら、低姿勢で応じた。

この辺りの呼吸は十分に体得している。日本にはメキシコ企業を支配する意思など毛頭ないことや、資金と技術面での協力をいっそう積極的に進めたいと、明言する。具体的なプロジェクトとして、製鉄所建設、港湾整備、電力投資などの開発協力の継続を約束し、初期の成果をあげることが出来た。そしてあわただしく次の訪問先、ブラジルへと向かうのである。

ブラジルは資源大国であるがゆえにアメリカの関心も大きい。地下には鉄鉱石をはじめ、ボーキサイトや錫《すず》、マンガン、ウラン鉱などの天然資源が豊富に眠っている。アメリカはいち早くこれに目をつけ、虎視眈々と進出を狙っていた。ところがブラジルの民族主義者たちがそれを許さず、苛立った。そんなとき偶然と呼ぶにはあまりにもタイミングがよすぎるのだが、ブランコ将軍によるクーデターで反米政権が倒された。一九六四年のことである。ブランコは反共で親米の路線をとり、一気に米国資本がなだれ込んだ。

このパターンはアメリカが関与する途上国での資源戦争で、いつも見られるお馴染みのシーンなのだ。インドネシアの九・三〇事件でスハルトが大統領になったのも、ブランコの一年後である。これらにはいつもCIAの影がちらついている。

こうしたアメリカにとっての宝の山へ今、田中が経済人たちを引き連れて、意気揚々と乗り込んできたのである。キッシンジャーにとって面白かろうはずはない。長年苦労して勝ち取った戦利品なのだ。それを東洋の成り上がり者に横取りされてたまるものか。キッシンジャーの歯軋りのほどは想像にかたくない。会談情報は逐一、在ブラジルのスパイやCIAから報告させた。

首脳会談では田中は無難な話題からはじめる。すでに日本が資本・技術協力をしている重工業部門でのさらなる協力関係の確認だ。八幡製鉄、富士製鉄、日本鋼管の三社が五十八年にオールジャパンで合弁方式のウジミナス製鉄所を立ち上げた。石川島播磨重工も同様に合弁でイシブラス造船所を作っていた。ことブラジルでは、長年の移民による連帯感があるからなのか、日本企業は親身になって協力し、経済活動も一方的なことはしていない。ガイゼル大統領はそんな態度を率直に評価し、感謝の言葉を述べた。

（こういう企業もあるんだな）

田中は一時、安らぎを覚え、日本もやれば出来るのだと、改めて自信を得た。

しかし、田中の標的はただ一つ、アマゾン開発なのである。このためにはるばると南半球までやって来たのだ。ここにはアメリカが取り残した地下資源がまだまだ無尽蔵と思えるほど埋まっている。田中も率直な姿勢で応じ、アマゾン開発への意欲を示す。この頃になると田中は体調のことはすっかり忘れ、切った張ったの目前の議論に集中している。

これに対し、ガイゼルも前向きに受けて立つ。

「この地域の発展はこれからです。文化水準を上げなければなりません。だから我々はどの人種にも外資にも、偏見はないのです」

よきパートナーであれば、アメリカ以外の国、つまり日本でも歓迎するというのだ。田中にはうれしい言葉である。思わずよしっ、と心のなかで声を発したものだ。随行員から資料を受け取り、自ら数字を使いながら、具体的な提案に踏み切った。

「すでに民間レベルでは突っ込んだ話し合いが行われています。アマゾン地域の鉱物を使ったアルミ精錬や製鉄など、多くのプロジェクトで協力できるでしょう。しっかりと支援したいと思います」

そう言って、テーブルの上の地図を指差した。アマゾン河口から千百キロ上流のボーキサイトの産地である。

「ここにはボーキサイトが五億トンも埋まっているそうですね。この構想には水力発電設備も含めれば、二十五億ドルの資金は必要でしょう」

そして返す刀でパルプ工場にも言及する。豊富な森林資源を使うだけでなく、七年後を目標に四十万ヘクタールもの植林をしたいという。ガイゼルは満更でもなさそうに目に歓迎の笑いを浮かべた。

「完成すれば、南半球で最大級のパルプ会社になりますな」

「それだけじゃありません。資源消費だけでなく、植林も行うところが他と異なります。植林とパルプ生産を同じ会社で行うのです。これは世界初の試みでしょう」

「実験台というわけですか」

ガイゼルの軽口に田中も愉快そうに笑った。

休憩をはさみ、一段落したところで田中はもう一つの目標、ウラン鉱開発を持ち出した。まだ青写真の段階だが、共同開発を提案する。

ブラジルにとっても渡りに船の話である。ちょうど西ドイツとのあいだでKWU動力炉八基を導入し、四十億ドルの原子力開発をまとめようとしているところであった。そういう環境下に照らせば、日本・ブラジル双方にとって、いわばWin-Winの話なのである。両者は互いの好感触を確認し、夕食会へと移った。

田中はアジア、ヨーロッパ、そして今回の一連の資源外交を通じ、確かな手ごたえを感じはじめていた。確かなというのは、アメリカに頼らなくても将来、やっていけそうな自立の目途である。まだほのかな明かり程度に過ぎないが、やってよかったと思った。まだまだ困難な交渉が待ち受けているだろう。しかし一歩一歩、地道な努力をしていけば、日本国の未来は明るい。そんな弾んだ気分が夕食会での田中の言葉を大胆にした。

「今日、超大国米ソの影響力は低下しています。だからこそ中枢的実力国家である日本とブラジルが手をたずさえ、国際社会の平和と安定のための潤滑油にならなければいけません」

アメリカの優越の頬をぴしゃりと叩《たた》いたのだった。果たして田中が叩こうと意識したのかどうかは分からない。たぶんそこまでの対抗意識はもっていなかったであろう。ただキッシンジャーの高い誇りが深く傷つけられたのは想像に難くない。

だがそこまで気づいていない田中は、弾んだ気分でワシントンへ向かう。次のアメリカでの会談に備えて気持ちをすでに切り替えていた。フォード新大統領に会えるのだ。貿易摩擦への対処はもちろんのことだが、むしろ資源外交の必要性を理解してもらいたい。そのためのきっかけにしたいと考えていた。

疲れた体で足を引きずるようにしながら移動する。オールドパーはその疲れを一時的に希薄にしてくれた。休む間もなくサンパウロからワシントンへ飛んだ。

ホワイトハウスへ入ったのは九月二十一日の夕刻だった。日本を出て十日弱。目まぐるしい旅の移動が続く。緯度と経度の変化に時差調整と、弱った体へのボディブローはやむことがない。アンドリュー空軍基地からヘリコプターに乗り換え、それから車にと、あわただしい雰囲気のなかでホワイトハウス入りした。

米大統領が相手ともなると、田中のような猛者《もさ》でも緊張する。胸の動悸を圧するようにして抑え、笑顔を張りつけて握手の手を差し出した。おやっと思った。フォードの手の握りがニクソンほど強くない。表情も精気が隠れ、どことなく穏やかだ。わざと隠しているのか。第一印象をどう判断すべきか迷いながら、田中は柔和に話しかけた。

「ここへお伺いしたのは丁度、一年余り前です。大統領が来日される前に、ぜひ一度お目にかかりたいと思っていました」

「それはどうも恐縮です。私も総理にお会いできるのを楽しみにしていました。それにしても今日は報道陣が多いですね」

　そう言って、周囲を見回した。田中も冗談交じりにそれに答えるが、気分ほぐしの会話とはいえ、なんとなくよそよそしい雰囲気を田中は感じた。それからも他愛のない話を続けていると、大統領の脇にいたキッシンジャーが突然、彼に囁いた。というよりも、あえて田中らに聞こえるような声で割って入ったのだ。

「大統領、ちょっといいですか。私が前に日本へ行った時のことです。オフレコの話をしたのですが、驚いたことに、翌日にはその内容が一言一句、そのまま新聞に出ていたのです」

「ん？」

　フォードは一瞬、分からないという表情を返した。キッシンジャーは片方の目で意味ありげに田中を見やりながら、続ける。

「そんな経験があるものですから、報道関係者への説明にはご注意願いたいのです」

　何とも嫌味たっぷりなセリフではないか。まるで田中ら一行を信用するなと警告しているようである。それも客の面前で言い放ったのだ。

（なぜだ？）

　なぜそんなことを言うのだ。一瞬、田中は顔を引きつらせた。がすぐに取り繕った。思い当たることがあった。

以前、石油危機のとき、キッシンジャーが来日したことがある。日本はアラブ寄りに政策を変えようとしていた。それに対しキッシンジャーは「石油消費国の共通の利益のために」という大義を押し出し、アラブになびかないようにと威嚇《いかく》した。田中が、それではアメリカが代わりに日本へ石油を供給してくれるのか、と尋ねたところ、彼は、それは出来ないと答え、気まずい雰囲気になった。あの時のやりとりがすぐにマスコミに報道され、キッシンジャーは「これでは何も言えない」と、気分を悪くしたことがあった。あのことをいまだに根にもっているのだろうか。だがもう過ぎ去ったことではないか。短い時間、田中の頭に結論の出ない疑問が行き交った。

フォードはかすかに目の端でキッシンジャーを見たが、いささかも感情の変化を見せず、無難な言葉を繰り出している。それが無難であればあるほど、田中には何だか透明の壁の向こうから聞こえてくるような、計算された冷たさを感じたのだった。

会談ははじまることははじまったが、非公式なものに格下げされた。議題に沿って順次、議論が進む。

今や田中はフォードの底意地を知った。その理由は判然とはしないが、想像はついた。一連の資源外交に怒っているのに違いない。その気持ちは分からなくもないが、日本とて国益を守らなくてはならない。そのために自分は総理大臣に選ばれているのだ。田中は卑屈にならないよう、属国めいた追従に走らないよう言い聞かせながら、できるだけ対等な対話を心がけた。意識して、日米間の緊密な関係維持の重要性を強調した。

「安保体制を土台にして、両国の緊密な関係を維持し高めていくことが、日本外交の基本姿勢です」

だが外交問題も貿易問題も、とうとう突っ込んだ議論は行われず、型通りの意見交換だけで終わる。田中は焦った。このまま終わるわけにはいかないという思いが強い。

（あとは資源問題だ。これで挽回せねば……）

田中は事前に何度も復唱していた口上でこの問題を切り出した。ところがこれもあっさりとフォードにかわされる。

「それは十一月の日本での会談で話し合いましょう」

そう強引に締めくくり、会談の幕引きを示唆した。にべもなかった。

この時点では田中は気づいていなかったが、フォードとキッシンジャーはすでに田中内閣が行き詰まりつつあるのを予期し、先送りに舵を切ったのだった。日本国内の出来事はまるで手のひらのなかの揉め事のように熟知している。熟知というより、自らの意思を参画させた工作にさえ乗り出していた。その工作は後のロッキード事件へとつながっていく。

田中は我慢のしどころを知っている。相手は失礼な言動で自分を迎えたけれど、極力、平静に受け答えした。

（ひどいもんだな）

最も期待していた外交イベントの「日米会談」だったが、その大々的な看板が泣いた。単なる顔つなぎの乾いた儀式で終わったのだった。通訳も含めてわずか一時間という予定時間の半分で幕が引かれた。

田中は覚悟を決めた。覚悟というよりも、迷いが払拭できたということか。アメリカがそうなら、日本にも考えがある。総理の座にいる限り、資源外交に突き進もうと腹をくったのである。ただアメリカと諍《いさか》いを起こすつもりはまったくない。無資源国という日本の立場を理解してもらいたいという気持ちは、あくまでも持ち続けている。

悪い流れを断ち切りたいという思いもあり、息抜きに空路、皆で米東岸にあるバミューダ島へ移動した。サンゴ礁が点在する常夏の地である。高い太陽のもと、澄んだ空気のなかで久しぶりに早朝のゴルフを楽しんだあと、最後の訪問地カナダへと向かった。

九月だというのに首都オタワは小雪がちらついていた。常夏の開放感に浸かっていた田中の体は急な温度変化に悲鳴を上げた。だがそのことは誰にも言わず、順々に公式日程をこなしていく。

首相のトルドーは田中には好意的に見えた。ポンピドーの葬儀ですでに会っていたのと、仕事の方でも資源という同じ船を漕ぐ連帯感をもっていたのだろう。カナダにも資源ナショナリズムの嵐が吹いていた。トルドーは、

「単に一次産品を輸出するだけでは興味がありませんな。もっと加工度を上げて、付加価値をつけたいと思っています」

「同感です。そのための資本と技術は日本におまかせ下さい。先ずアルバータ州のタールサ

ンド開発ですが……」

友好裡のうちに両国の積極的な関与を約束し、続いてウラン鉱開発についても議論は進んだ。

ようやく遊説の旅が終わった。帰りの飛行機は睡眠の場を与えてくれ、田中は一息ついた。どの国も特に急な解決を要する課題はなかったが、これで日本の長期的な繁栄のための青写真は描けたと思った。あとはこれに着実に肉付けし、骨格を立ち上げていく作業がいる。

（遠大な計画だな）

だがその長期ビジョンに思いを馳《は》せるとき、田中は一時、体調のことを忘れてしまう。この計画と、そしてもう一つの課題である北方四島の返還に、これからの命を懸けていきたいと内心で誓う。

7　失脚への序章

今回のアメリカ遊説の前から、田中の耳に或る情報が入っていた。それは月刊誌「文藝春秋」の企画についてである。田中角栄糾弾《きゅうだん》のプロジェクトチームを組み、大々的に調査をしているというのだ。過去の文献の洗い直しや、個人資産、交友関係、事業内容等々、総合的に田中の実態を浮き彫りにするという。そのプロジェクトへの協力者には反田中の政治家たちもいるという噂もあった。だが田中は何の手も打たず、なすがままにまかせていた。

「そんなことをしたら、言論妨害になるだろう」

そう言って、のんきに放置し、アメリカ遊説に出かけたのだった。

帰国して半月ほどが過ぎた一九七四年十月十日、「文藝春秋」十一月号が発売された。そこには二つの論文が収録されている。立花隆著「田中角栄研究・その金脈と人脈」および児玉隆也著「淋しき越山会の女王」だ。

ゲラ段階で読んだ田中らはその内容に驚いた。驚きはすぐに怒りに転じる。

「金脈だとか人脈だとか、よくもこれだけの膨大な資料を調べ上げたものだな」

それは驚きの部分だが、怒りというのは後者の「淋しき越山会の女王」である。どうして秘書である佐藤昭子の個人情報を名指しで大衆にさらし、暴露するのか。首相である田中は仕方がないとしても、個人秘書に過ぎない佐藤まで田中の金権に絡ませるその卑怯なやり方に怒ったのである。

使われた資料やデータそのものは、ほとんどがすでに公表されていたり、役所に保管されている文書で、別段、目新しいものではない。ただ文面に流れるトーンが、いかにも田中がカネに汚く、個人資産の形成に流用したかなど、悪意に満ちている。資料の客観性で表面を取り繕いながら、内部はまるで被告人を追及する検事調書のように、執拗なカネまみれの印象で塗りつぶしていた。

だが田中は不快ではあったが、ここでもそのまま放置した。田中には自信があった。周囲に言っている。

「俺はそんなあこぎな、違法なことはまったくしていない。目白の私邸だって、そうだ。全部、説明できる」

確かにカネ集めは派手だったが、それを悪というのなら、自民党を維持するためには必要悪だった。幹事長として、そして今は首相として、責任をもって率先して党をリードしてきたつもりだ。それをあとになって、金権という汚名をかぶせてくる。しかも、個人秘書まで連座させようとするその企《たくら》みに、敵の並々ならぬ執念を感じとり、何か不気味な怖れを抱いた。

その一方で、どうせ「人の噂も七十五日」というように、そのうち霧散するのではないかと、たかをくくったところもあった。当時の社会風潮として、カネ集めが出来る政治家こそが実力者だと、そんな尺度が存在したのも事実である。

　現に雑誌で金権批判の火の手は上がったものの、単なるスキャンダル扱いで終わりそうな気配が濃厚だ。有力新聞は検証記事を載せることもなく、国会でも誰も取り上げない。あまり世間は関心なさそうだ。田中は徐々に平静に戻っていった。

　そんななかの二十二日、外人記者クラブ（外国特派員協会）が田中をゲストとして昼食会に招いた。田中は体調や雑誌記事のこともあり、何だか気が進まなかった。が一国の首相ともあろう人物が、約束の昼食会を逃げたと言われるのは癪である。田中はクラブの要請を真正面から受け止め、のこのこ出かけるのである。そしてそこで待ち構えていた外人記者たちの餌食となった。のっけから金脈問題を追及されたのだ。

　もし佐藤栄作や福田赳夫のような慎重居士の官僚出身エリートだったら、どうしただろう。恐らくこんな不注意な安請け合いはしなかったはずだ。時期も時期である。もっともな理由をあげて、断っていたに違いない。田中のお人よしな性格がそうさせたのだが、甘いところがあった。

　その記者クラブは丸の内のオフィス街にある。記者たちと簡単な昼食をとったあと、会見がはじまった。冒頭、司会者が田中を紹介する。ハンガリー通信東京支局長のエリアスだ。田中をゲストとして招きながら、いきなり時の首相相手に辛らつな皮肉のパンチを浴びせた。不意打ちだった。

「ではははじめます。今日お招きした田中首相についてですが、今更ご紹介する必要はないでしょう。最近の文藝春秋でも詳しく出ていますからね。そちらをお読み願いたいと思います。それから首相はまた『日本沈没』、いや失礼、『日本列島改造』という論文も書いておられまして……われわれの名誉あるゲストの先行きは一体、どうなるのでしょう。はっきり言って、真っ暗なように見受けられますな。しかしながら、首相は依然として自信満々なのでありますす」

日本国の首相を紹介するのに、一体、こんな言い方はあるのだろうか。礼儀をわきまえないというよりも、何か皮肉の爆弾を意図的に投げつけたという感じがする。

記者席からどっと笑いが起こった。しかしそれは純粋に発した笑いではなく、司会者の誹謗の意図を手助けする作為の笑いに聞こえた。嘲笑と言い換えてもいい。

田中はムッとした。司会者の意図が咄嗟に読めず、戸惑いながらも短いスピーチを行った。しかし問題はそのあとで質疑応答に移ってからだ。雑誌の特集についての質問が、待ってましたとばかり相次いだ。

「首相にお尋ねしたい。政治家が資産公表するのは正しいと考えられますか。もし正しくないと思われるなら、その理由は何でしょうか。また公表すべきと考えるなら、先日の文藝春秋の記事について、コメントをお願いしたい」（ロサンゼルス・タイムズ記者）

「巨額の資産をお持ちだそうですが、収入源と税の関係についてお尋ねします。文藝春秋の記事は正確だとお認めになりますか」（バルティモア・サン記者）

「首相は日本国民に向かって、個人資産を報告するお積もりですか。それから雑誌の記事に

ついてですが、何らかの法的手段を取るお考えでしょうか」（ワシントン・ポスト記者）
「記事にある税務申告の記述が正しいとおっしゃるなら、同じく裏金についても正しいと考えられますか」（西ドイツ紙の記者）

田中はたじたじとなった。後ろ暗いからというのではなく、まったくもって不意打ちを食らったからである。まるで示し合わせたように金脈問題一本に絞って各国の記者からまくしたてられたのだ。冒頭の司会者紹介からして異例の内容だったが、それに続く質問がまた、それに呼応するかのように田中糾弾の一色に染まり、延々と続いた。

なぜ外国人から私的な行為をこれほどまであからさまに叩かれねばならないのか。そんな疑問と不満が頭のなかにわんわんと広がっている。それでも田中は丁寧に答えた。
「雑誌の記事はですね。個人の経済活動と公の政治活動を混同していて、すべて正しいとは考えておりません」
「所得の件ですが、これは税務署にきちんと申告をして、納税もすませております」

気分を害した田中は終了まで十分ほどを残して途中退席した。

この日の昼食会の行き過ぎた運営については後日談がある。その四日後に、出席した記者のうち二十二名の連名で、非礼を詫びる首相宛の書状を外務省に手渡している。その内容は、「賓客を迎えるにあたり、礼儀作法を欠いていたことと、首相に対し非礼があったことを遺憾とし、深く陳謝する」ということであった。

もちろんこの二十二名のなかには辛らつな爆弾を投げた記者たちは含まれていない。これはつまり、爆弾投擲《とうてき》者たちは十名はいなかったということなのだ。彼らが力を合わせて集中的に繰り返し田中を攻撃し、センセーショナルな会見に仕立て上げた。そんな強い作為が感じられる。

それともう一つの疑問はこうだ。そもそも文藝春秋の記事を外国人記者たちがどうやって知ったかである。発売からまだ二週間も経っていないし、しかも日本語が分かるのはほんの二、三名に過ぎない。それなのに質問者全員がすでに熟知していたし、多くの他の記者たちも知っていた。不思議なことだ。何らかの事前の意思疎通が行われていた可能性を否定できないのである。あまりにも用意周到な感じがしてならない。

ただ、これも偶然というには理解に苦しむのだが、昼食会が開かれる直前にアメリカでニューズウィーク誌が雑誌の論文を紹介している。まるで発車直前の列車にかろうじて飛び乗ったというタイミングのよさだ。しかし出席者たちがそれを読むのは時間的に無理があった。

だが、これら一連の動きはそれぞれが偶発的な単発ではなく、見えない糸でしっかりとつながっている。そう思えてならないのである。結論的に言うのを許されるなら、それらは後に田中を断罪したロッキード事件への助走の役割を果たしていたのではないか。もし立花論文が第一走者とするなら、外人記者クラブでの糾弾は第二走者といえるだろう。いや、正確にはニューズウィーク誌が二番目なのか。いずれにせよ、ロッキード事件へと連なる一本の線上に確かな役割を担いながら、次々とバトンをタッチしていく。そんな作為が強く匂うのである。

ではその作為の発信者とは誰なのか。見えない糸を操る人形師とは誰なのか。ここには大きな、時間をかけた世界規模の謀略が潜んでいたと考えられる。もちろんこの時点で田中がそんなことを知るよしもない。

外人記者クラブの会見は一夜にしてマスコミ界を目覚めさせた。立花リポートの内容が新聞の全国紙やテレビで大きく報道された。俄然、評論家たちが茶の間に登場し、田中について批判をはじめる。国民はいやおうなく田中の悪行（？）に釘付けとなった。「燎原《りょうげん》の火」という言い回しがあるが、芝に燃え移った火は、人形師の想像を超えた速さで日本国中に広がっていく。

記者クラブの会見があったその日の午後、国会も急に目覚めたように動き出した。参議院大蔵委員会では、野党が田中に対し、立花リポートについて真相説明するよう出席を求めた。続く二十三日には自民党の福田一国対委員長が、自民党の若手議員たちと野党の強い要求に応じ、疑惑について答えるよう田中に要請する。これに合わせ、経団連など財界四団体が足並みをそろえ、自民党への政治献金を担当する国民協会の解散を決めた。田中包囲網は着々と築かれていく。

そんななか、田中は秘書に指示を出している。

「逃げるわけではないが、行かざるを得まい」

大洋州歴訪の旅である。外交日程はすでに、というか半年前に組んであった。これは一連の資源外交での序盤戦の締めくくりに位置づけている。最大の狙いはオーストラリアのウラン資源獲得であった。

田中というのはどこまで責任感の強い男なのだろうか。体調不良を隠し、金権問題の嵐の真っ只中で海外に飛び立とうとしている。常識的には国内基盤確立の対策に時間をあてるところだ。だが田中は資源という初志貫徹の方を選んだ。

（まだ時間はある）

帰国後に動けばいい。一旦決めると迷わないのが田中の特徴だ。

出発前、衆議院議長の前尾繁三郎と参議院議長の河野謙三のところを訪れ、外遊の挨拶をした。話の内容は明らかにされていないが、恐らく河野に対しては率直に心境を語ったと思われる。というのは河野は田中政権誕生に大いに貢献した、或る意味、恩人でもあるからだ。

でその田中の心境だが、今回の政局を深刻に受け止めていることや、再起への意欲、フォード大統領の来日、資源獲得の必要性などを語ったと想像される。ところがここで河野の側で大きな誤解が生じた。それも田中の進退に直結する誤解である。河野は田中の憔悴《しょうすい》した体と、政局に関する苦悩のつぶやきに接し、ひょっとして田中は帰国後辞めるのではないか、と早合点をした。そして会談後に新聞記者を前に、いわずもがなのことを言ってしまったのだ。

「日本が田中角栄を必要とする時は、必ずまた来るだろう。どうやら田中さんは腹を固めているようだ。十一月は日本政界にとって大変なことになるんじゃないか」

この発言に新聞記者たちは色めきたった。田中が総辞職する意向を示したと受け取った。翌日の朝刊はいっせいにそのことを報じ、政変の空気が一気にみなぎったのだった。だがここで注意せねばならないのは、河野ほどの人物が果たして見誤ったりするのだろうかという点だ。ほんの小さな可能性に過ぎないが、田中の健康を心配し、間接的に一時的な退陣をうながしたということも考えられる。

実際、田中に明確な退陣の意思などなかった。そのことは、出発前に秘書の佐藤昭子に語った言葉からはっきりしている。

「帰ってきたら、解散するかもしれないぞ。それに備えて、選挙資料や資金の準備、しっかり頼むからな」

そういい残して旅立ったのだが、帰国するなり、まったく違った行動をする。解散ではなく、内閣改造に着手したのだった。

二十八日、田中を乗せた政府特別機が羽田空港を離陸した。本人は意識していなかったが、田中にとっての最後の資源外交となった。機首を真南に向け、一路、ニュージーランドへと向かった。

しばしの安らぎが田中の気分を楽にした。金権批判や政局のことが時々、頭のなかに顔を出すが、意識的に追い払った。逃げるのではない。優先順位がしっかりと頭のなかに整理されているのだ。

すでに田中は気持ちを切り換えている。今はこれから訪問する国々との課題を予習する時間だと、前向きにとらえていた。田中はあれこれと随行員に質問し、メモに書き込んだ。ともかく勉強魔なのである。前にも触れたが、記憶力も人並みはずれているけれど、それを超える努力が今日の田中をもたらした。

秘書官から「総理、硫黄島です」と言われ、書類から顔を上げた。「ほう」と声を発し、窓からはるか下を見下ろした。東西八キロ、南北四キロの緑に包まれた小さな島が、青い海原にくっきりと浮かび上がっている。黄色味を帯びた火山性の白い煙が、まるで絵本にあるように優雅にたなびき、ところどころに見える荒い岩肌の崖を隠した。

「きれいだな」

思わず声が出た。硫黄ガスが吹き出る、もっとごつごつした岩山だとばかり思っていた。ここで日本兵二万一千人のほとんどが玉砕に近い死に方をし、アメリカ兵もそれを上回る二万八千人が死傷した。そんな激戦地だったとは想像さえつかない風景だ。しかし今も日本兵の一万三千人を越える遺骨が、手付かずで洞窟や地下にうまったままだという。

田中は感無量になった。頭《こうべ》を垂れ、しばし黙祷《もくとう》した。遠い昔、満州で戦った頃の記憶がよみがえった。戦友たちが毎日のように次々と命を落としていった。朝、挨拶した友が夕方にはいないのだ。別の世界へ旅立った。あれが戦争なのだ。戦争という人間の身勝手な欲望で、命がまるで石ころのように捨てられていく。

満州でもここ硫黄島でも、皆、「お国のため」に戦った。「お国のため」という意識はどれだけあったのかは分からないが、赤紙一枚で命を捨てていったのだ。田中は平和の有難さをつくづく身に滲みて感じた。

(やはり北方四島だ)

早くこれを解決し、ソ連との平和条約を結ばねばならない。そのためにも、自分の政治のやり方に対するマスコミの批判や国会での攻撃には、断固、戦う必要がある。資源問題と並んで、まだまだ自分にはやらねばならない宿題は山積みだ。田中は眼下の島を眺めながら、改めて決意を新たにしたのだった。

ガダルカナル島の上空にさしかかり、ここでも田中は黙祷をささげた。その後、アルコールが効いたのか、軽い眠りに入る。やがて飛行機は長い飛行ののち、深夜のオークランド空港に着陸した。

最初の訪問地ニュージーランドは、酪農の国である。鉱物資源は乏しいが、豊かな農産物の生産地だ。首脳会談では終始、牛肉問題が話し合われた。日本への輸出をもっと増やしてほしいというのだ。

しかし日本側にはそうは簡単にいかない事情がある。国際的な飼料価格の高騰で、畜産業者が牛を飼うことができず、多くを政府の畜産振興事業団へ売り渡した。その結果、政府手持ちの牛肉在庫が六万トンを超え、輸入増どころの話ではない。難しい議論であった。だがこの頃の田中は外交交渉というものに相当、経験を積んでいる。ともかくベストを尽くすという形で無難に会談を乗り切った。

オーストラリアでの首脳会談は、一転して、資源一色になった。田中は出発前、日本の電力業界から宿題をもらっている。豪州とのあいだで契約している七千トンの酸化ウラン（ウラン鉱石を精錬したイエローケーキのこと）がいまだに積み出されないのだ。日本としては、当面の契約を履行してもらうだけでなく、さらには十年、二十年先までの長期契約にこぎつけたいと考えている。

一方、豪州側にも理由があった。この産地がちょうどアボリジニ（先住民）の居住区にあたり、彼らの採掘許可を得るのに手間取っていた。それに価格も安すぎる。

しかし田中には目算がある。ホイットラム首相の泣き所を突けばいい、と考えている。それはウラン濃縮なのだ。彼らはウラン濃縮工場を建設し、加工度を高めた上で輸出したいと願っている。そこで問題になるのが八十億ドルともいわれる膨大な技術開発費だった。日本の資金が喉から手が出るほど欲しい。共同開発を期待しているのである。

（だがこれは難しい）

金だけの問題ではないのだ。技術が絡んでくる。それも政治がらみの技術である。ホイットラムはアメリカが推進する大規模施設のガス拡散法ではなく、ヨーロッパ式の小規模・省エネ型の遠心分離法を望んでいた。だがキッシンジャーはそれを許そうとせず、ホットラム政権に圧力をかけてきた。田中がどういうアプローチをするのか、気が気ではなかったのだ。その意味で、田中とホイットラムはそろってキッシンジャーの虎の尾を踏む危険性をもっていた。

田中は難しい決断を迫られた。日本の電力事情を考えれば、酸化ウランは是が非でも必要だ。そのためにはウラン濃縮でホイットラムが望む遠心分離法を支持する必要がある。支持だけでなく、共同開発にまで踏み切らねばならぬ。そう思うたび、キッシンジャーの怒った顔がまぶたに浮かび、田中は逡巡するのだった。

だが最後には「日本の国益」という観点から判断を下している。濃縮ウラン事業への参画を表明し、同時に酸化ウラン問題をも解決したのである。意気投合した両首脳はさらにウラン探鉱にまで話を進めたほどだ。こうして二人は結果としてキッシンジャーの虎の尾を踏んだのだった。

会談を終えた田中は上機嫌であった。資源外交は着々と成果をおさめつつある。この勢いで国内の政局問題も乗り切れそうな予感がする。体力も一時よりかなり回復した。第一、食事がおいしい。

最後の訪問地ビルマ（今のミャンマー）では日本食の歓迎を受け、新潟時代の懐かしい味とダブらせながら、舌鼓をうった。やる気もそれに呼応し徐々に湧き上がってきた。

しかしそのやる気は、意外な展開に遭遇する。田中の知らないところで、巨大な謀略の網に絡め取られようとしていたのである。キッシンジャーの怒りは、綿密に、着実に、形となって実行されつつあった。

帰国した田中を待っていたのは、いっそう激しくなった金脈追及の嵐であった。その嵐を田中は解散・総選挙ではなく、内閣改造で乗り切ろうとした。十一日、党の中枢すべてのポジションに主流派である田中派、大平派、中曽根派の議員をあて、強行突破する布陣をしいた。

記者会見の記者たちは外遊の成果にはあまり関心を示さず、金脈問題ばかりを質問した。田中にとっては甚だ不本意であった。社会の木鐸《ぼくたく》ともいわれるマスメディアなのに、日本の将来を睨んだ資源外交など、まるで他人事なのだ。もっぱら田中の個人資産の形成の仕方とか、高価な池の鯉の値段、土地売買のカラクリなど、田中の負の部分に絞った一点攻撃に徹している。よってたかって田中の人格を悪徳の色で塗りつぶそうとした。全国紙はそのことに大きな紙面をさき、それがさらに読者の興味をそそる。二年三ヵ月前、総理大臣になった時に「今太閤」として囃《はや》されたが、それとちょうど逆のことが今、起こっていた。

田中は釈明に追われた。部屋は三百人を超える記者やカメラマンの人いきれで、むせ返っている。

「このたび公人としての私のことで、いろいろな問題が文章や記事になっていまして、皆さん方の大きな話題になっていることも承知しています」

しかし、と張りのある浪花節調の声を投げて、一同を見回した。

「私は何ら後ろ暗いことはしていないのであります。私事で恐縮ですが、四十年前、新潟の片田舎から、お握りと手ぬぐいだけを持って、裸同然で東京へ出てきました。自分で事業をはじめ、軍隊にも行き、そのうち肺炎で内地へ送り返され、死地をさ迷いました。その後、政界にも入って、今日に至っています。その間、真面目に、ひたむきに努力を続けてまいりましたが、このように人様の誤解を受けているとすれば、公人として誠に遺憾だと申し上げざるを得ません」

さらに続け、目白の広大な私邸がどのように買い増しされてきたかを説明した。記者は新生産業や室町産業という、いわば幽霊会社に等しい会社についての説明も求めた。田中は緊張で顔をこわばらせながら、地位を利用した財産形成や税金逃れのための幽霊会社設立などはいっさい行っていないと、否定した。それでも納得しない記者たちに、

「終戦時の昭和二十年にさかのぼり、どこにどれだけの土地をもっていたのか、今、調べているところでございます。これも出来るだけ早くやり終えて、国民の皆様にご理解をいただけるよう、努力してまいりたいと思っています」

と、約束する。その後、幾つかの場所で釈明会見を行った。だが、後に田中が有罪判決を受けたとき、この時の釈明や説明が不十分だったと悔やむのである。気の置けない秘書の佐藤昭子に心情を吐露している。

「後の祭りだけどさ。今から考えてみると、あのときもう少し具体的に、納得のいく説明をすべきだったな。残念でならないよ」

「そうねえ。資料はいくらでもあったのにねえ。どうしてもっとていねいに話さなかったのかしら」

田中にしても佐藤にしても、そう悔やむのは理解できる。説明が足りなかったために世論

から断罪され、それがロッキード事件へとつながった。そして挙句には有罪判決を受けたと考えたのだろう。しかし、ことはそんな単純なものではなかった。そこには別の事情があった。資源外交と日中国交回復という田中の偉業が、舞台の背景にあったことを忘れてはならない。

だが田中にはもう一つの頭の痛い問題がある。それは田中にとって恩人であり友人でもある入内島金一への証人喚問要求だ。入内島は田中が上京して、初めて勤めた井上工業にいた同僚である。田中より二歳年長だが、ともに貧しい農家出身で、すきっ腹をこらえ、朝から晩まで工事現場で汗を流した間柄なのだ。田中は神田猿楽町にある夜間専門の中央工学校土木科に通い、正則英語学校や錦城商業学校へも籍を置いた。一方、入内島は新宿の工学院土木科の生徒であった。互いに知識欲に燃え、青春時代のすべてを分かち合った分身同士であった。

終戦後、入内島は田中土建の経営を手助けし、田中が議員を目指すと、現地に張りついて選挙運動に没頭する。その後は田中の事業を支え、切り盛りし、実質的な田中を支える背骨のような役割をしていた。その入内島を国会に喚問するというのだ。

「つらいよ、これは……。本当にこれはつらい」

秘書たちに漏らしている。浪花節的なだみ声が、いっそう低くうめいて聞こえた。

「こんな人民裁判みたいなことは、彼にはやらせられん。絶対にやらせられん」

ちょうどその頃、中国では反革命分子の粛清と称する文化大革命が進行していた。党の首脳や学者、医師、弁護士、芸術家などが首にプラカードを吊り下げられ、三角帽子をかぶらされ、年端もいかない少年少女の紅衛兵たちに町や村中を引きずり回された。名誉と誇りを汚されただけでなく、殺された者も大勢いた。そんな三角帽子を心の友である入内島にかぶせることなど、人間としての自分の良心が許さない。

(恩ある友に仇《あだ》で返すなんて……)

田中はため息をつく。とても出来ることではない。だが国会は執拗に求めてくる。総理大臣を潰す最短距離だと思っているのだ。たぶんこのままでは押し切られてしまうだろう。今や自民党内にも敵は日ごとに数を増している。

一体、どうすればいいのか。自分の身だけならまだしも、分身でもあり友でもある恩人を、裏切るよう強制されている。このことで入内島が何一つ文句も言わないのがつらい。田中総理のためなら身を挺することも厭《いと》わないというふうな、殉教の姿勢を静かに保っていて、それがいっそう田中を苦しめた。

ふっと総辞職という言葉が頭をよぎる。総理を辞めさえすれば、友は助かるのだ。三角帽子をかぶらなくてすむ。

(いやいや、そんな弱気でどうするのだ)

この難局を乗り切れなくて、総理大臣といえるのか。自分には積み残した課題が多くある。もうすぐフォード大統領も来日するではないか。そうすれば、世間の風向きも変わるだろう。自派の議員の助けを借りて、ともかく入内島の喚問を撤回させねばならぬ。田中は気持ちを前へ進めたかと思えば、また後戻りさせ、その日のうちにでも何度も強気と弱気を交錯させていた。

十一月十八日、予定通りフォード大統領がキッシンジャー国務長官を引き連れて来日した。田中はこの会談にすべてを賭けていた。これまでの資源外交の正当性を同盟国でもある大国アメリカに理解してもらいたい。同時に日米関係の結束を確認する。そうすることで、国内の劣勢を覆すことが出来るかもしれない。少なくとも、押し戻すことが出来るかもしれないと、ひそかな期待を抱いていた。

そして仮に期待がかなわなくても、大統領と会うこと自体に意味がある。最低限の効果として、辞任かどうかで消極的になりそうな自分を鞭打つチャンスになると、そんな淡い気持ちも秘めていたのだった。

翌十九日、迎賓館で首脳会談がはじまった。食料問題や天皇訪米、日米の安全保障体制などを話し合い、まずまずの結果を得た。だが次のエネルギー資源問題に移ったとき、空気が一変する。キッシンジャーがあからさまな強硬姿勢に転じたのだ。フォードを補佐し、時には自らが発言者となって、田中を威嚇する。議論ではなく、まるで威嚇なのである。田中はそんな彼の変身に戸惑った。

（どうしたのだろう。何があったのだろう）

あまりにも強気である。一歩も引かない。引かないどころか、頭から自説を押し付けてくる。資源帝国の支配者、アメリカの意向に従ってこなかったことは自分も承知している。が、ここにきてのこの強気の姿勢は何なのだ。

「わが国が進める石油消費国同盟の構想に、ぜひ日本も加わっていただきたい」

キッシンジャーは何度も同じセリフを繰り返す。それは日本に産油国との対決を迫るもので、即、日本のエネルギー政策、資源政策の破綻《はたん》を意味する。田中は気色ばんだ。

「お言葉ですが、それに加わりますと、産油国とのまた新たな摩擦が起きかねません。日本としては従来通りの方針で行かせていただきたいと、思います」

「そうでしょうか。私は反対ですな。アメリカと日本は消費国として、共通の土台に立つべきでしょう。日本が独自行動をとるのは、消費国間の協調の妨げにほかなりません」

「しかし、それでは日本の工業が立ち行かなくなります。資源の乏しい日本は加工貿易で成り立っています……」

熱弁をふるった。だがその熱弁を上回る迫力でキッシンジャーは押してくる。まるでこれまで我慢してきた鬱憤を爆発させるかのような、怨念めいた勢いに満ちている。かっと見開いた目が異様に光り、感情の強さが踊っている。キッシンジャーは取って置きの切り札を口にした。

「貴国とはこれまでも安保条約で固く結ばれています。両国は共通の利益のために、国際協調をすべきだと思いますな」

「……」

田中は黙り込んだ。これまでの自分の資源外交が全否定されているのを感じた。日本を潰そうとしているのか。いやいや、そんなことはあり得ない。想像するだけでも馬鹿げている。では意図は何なのか。

（ひょっとして……）

即座に心のなかで頭《かぶり》をふった。総理大臣田中角栄を潰そうとしているのではないか。そんな考えが頭のなかをよぎったのだ。だが、それはあり得ない。直感的にそう思った。

それにしてもおかしなことだ。この力関係はどうしたことだろう。相手はぐいぐい押してくる。以前の自分なら、押したり引いたりしながらも、こちらの主張へと導く形で妥協ができた。ところが今は違う。鋼鉄を思わせる頑固さと傲慢さで、一直線に押してくる。

―強者と弱者。

その立場を田中は意識した。

（負けたのだ……）

資源戦争でアメリカに負けたのだ。今の自分にはそれを押し返せる力がない。総理といえども、これまでの力が失せている。政治家としての力が失せている。チラッと外人記者クラブでの会見場面がまぶたに浮かんだ。

（落ち武者……か）

自分は明智光秀と同じ落ち武者……なのか。いやいや、そうではない。まだ日本国を代表する総理大臣なのだ。国益を守る義務がある。田中は全力を振り絞って気持ちを切り替えた。

作戦変更だ。こうとなったら、共同声明の文案で日本に不利な条項を出来るだけ削り取る。田中の変わり身は早い。ここで条件交渉へと変換するのである。その旨、事務レベルに命じた。

両国の事務官たちの激しい折衝の後、ようやく文案が出来上がった。声明の第六項「エネルギー問題」の個所で曖昧な表現にすることに成功した。

「日米両国は、エネルギーその他、鉱物資源の安定供給を確保するための多国間努力に参加する」

漠とした文章と、とりわけそのなかでも努力という部分に智恵を絞ったのだが、これも即座に却下される。文案を読んだキッシンジャーが、唇を捻じ曲げ、首を二、三度、横に振った。

「ダメだ。これでは話にならない」

万年筆を取り出すと、自ら書き込みをはじめる。余白はびっしり字でうまり、全面的に書き換えられてしまった。

「これがファイナルです」

そう言って、田中に差し出した。そこには有無を言わせない意思がみなぎり、日本側も大いなる不本意のまま、受け入れざるを得なかった。前文は多少の変更ですんだが、肝心の個所は大きく直された。

「日米両国は、消費国間の協力を進めることを重視し、かつ他の諸国と強調して、生産国とのあいだに調和のとれた関係を求めていくものとする」

消費国間の協力とあるが、これはアメリカ側に立ち、産油国に対決するということに他ならない。これは正に田中の資源外交を否定するものであった。金脈疑惑の追及で火だるまになっている田中にはもはや反撃する余力は残っていなかった。真の独立国家であるために、独自の資源外交を展開することは、大国アメリカを敵にすることであっただけに、深い挫折感が田中のなかに広がった。

フォード大統領一行は、これ以上日本に用はないといわんばかりに、寒さの忍び寄る晩秋の日本を後にし、勇躍、韓国へ発った。別れ際に見せたキッシンジャーの勝ち誇った意思の強そうな顔が、田中のまぶたに刻まれて長く残った。


それからしばらく経った一九七四年十一月二十六日の朝七時半過ぎである。田中はいつものように背広姿で居宅の玄関前に現れた。何かが吹っ切れた感じのすがすがしさと、固い決意がもたらす静かな緊張が、その鋭い眼光に凝縮されている。待ち受けた記者たちに他愛のない挨拶を投げかけながら、二十メートルほど離れたところにある事務所へ入る。地方からやってきた陳情団との面談がある。だがこの日は一時間ほどで早々に切り上げた。

八時三十五分に公用車で自宅を出た。官邸に入り、グラスの冷や水をぐっと飲んだ後、椎名副総裁、二階堂幹事長、鈴木善幸総務会長、そして山中貞則政調会長ら四役を呼び、淡々とした口調で自民党総裁を辞任すると告げた。翌年七月までの任期を残しての辞任である。

田中は考えるところがあったのか、官邸記者クラブでの会見を拒否した。それでも粘るクラブに、十分間だけならばと応じたのだが、質問を受けつけないという条件をつけたこともあり、結局、会見は行われなかった。それに代わって、竹下官房長官が「私の決意」と題する田中の文章を代読した。田中の心境が吐露されている。個人の問題で政局の混乱を招いたことに対し、公人として責任を痛感すると述べ、こう続ける。

「いま国の内外には、緊急に解決すべき課題が山積しております。政治には瞬時の停滞も許されません。私が、厳粛にかつ淡々として、みずからの進退を明らかにした所以《ゆえん》もここにあります。わが国の前途に想いをめぐらすとき、私は一夜、沛然《はいぜん》として大地を打つ豪雨に心耳を澄ます思いであります……私も政治家の一人として、国家、国民のため、さらに一層の献身をいたす決意であります」

田中は真に日本の国益を考えていた。八方ふさがりの状況のなかで、自分が総理の座に居座り続けることで生じる国としての損失に、想いを馳せたのだろう。国民利益のプラスマイナスという得失で考える、如何にも事業家出身者らしい身の処し方である。

だがそれと並んで、大きな引き金があった。それは心の友、入内島金一の証人喚問ではなかっただろうか。政治家である前に、一人の人間として、友を裏切ることが出来なかった。友情を選択した。そんな田中の優しさと同居した弱さが辞任に至らしめたと思わせる。

もちろん底流には健康問題もあっただろう。しかしこれは本人自身、さほど気にはしていなかった。鈍感と言えばそうなのだが、むしろ辞めると決めてから、

「ああ、そうなのか、休息するのもいいではないか」

　くらいに後づけで考えたほどだった。だが家族は誰よりも心配していたに違いない。

　あっという間の二年五ヵ月だった。分刻み、いや秒刻みともいえるほどの日々の連続が、今、ようやく終わりを告げた。内外の様々な思い出や光景が、順不同にまぶたに浮かんだ。苦しかったことも、今となっては懐かしい。

　田中は目をつむった。満足かといえば、そうではない。大いに不満足である。総理大臣として、どうしても北方四島の返還と、資源外交の完成を見届けたかった。さあこれからというう時に、こういう辞め方を強いられたのは誠に無念である。それは総理のポストを失うからではなく、宿題遂行の未達成からくる無念さなのだ。この点が仕事師としての田中と、権力に恋々とするだけの彼以後に続いた首相たちとの決定的な違いであろう。

――捲土重来《けんどじゅうらい》……。

　その言葉が何度も田中の頭のなかを行ったり来たりする。

（ここで一旦、身を引いたのは一法かもしれないな）

　ものは考えようである。命まで奪われるわけではないのだ。国会議員も辞めるつもりはない。体を鍛えなおし、再び宿題にとりかかる日もいつかは来るだろう。そう思うことで、しつこく根を張る無念さから逃れようとしたのだった。

　しかし別れの時に記者団に語った最後の言葉は、感傷を離れ、落ち着いていた。そして、その表面的な淡々とした諦観《ていかん》の裏に、復活の確かな意思を隠していたのは本人しか分からない。

「仕事を一つ終えた。人生における、これは一つの定年だよ」

周囲を煙に巻こうとしたところがある。将来の仕事への野心を見せない慎重さは、田中らしくない駆け引きだ。それほど今回の辞任のショックは大きく、負けまいとする意思力を感じさせてならない。

辞任表明後、ライバルの福田赳夫がひょっこり田中の事務所を訪ねてきた。ズボンのポケットから手を出すと、

「いろいろ失礼なことを申し上げましたが、どうかお許しいただきたい」

と言って、その手を差し出した。田中は笑顔で握り返す。

「いえいえ。あなたも政治家としての信念に基づいて、やってこられたのでしょう。何のこだわりもありません。私もこれからは一党員として、党の改革に協力をしますよ」

田中の顔は意外に明るい。猜疑も怨念も怒りもない。信念に基づく言動なのだからお互い様だ、と思っている。そんなあっさりしたところがあった。

だが本人の強い意思にもかかわらず、田中は二度と政界の表舞台に立つことはなかったのである。二転三転の後、後継首相の椅子に座った三木武夫が、ありとあらゆる手段で田中を抹殺したのであった。そこにはまたしてもアメリカの見えざる糸が絡んでいた。

8　ロッキード事件勃発

退陣してからの田中は、しばらく目白の私邸にこもった。こもったと言っても、謹慎していたのではない。秘書も動員して永田町のあちこちに電話攻勢をかけ、忙しい時を過ごしていた。世間の最大関心事は、次期総裁をどういう形で決めるかで、大もめにもめていたのだ。

田中は総裁公選を唱える。一方、ライバルで大本命の福田は、自分を有利にしようと考え、話し合いによる密室決着を主張した。公選であれば、田中の盟友、大平正芳の可能性が高まるのだ。田中・福田の対立は泥仕合めいた様相さえ呈した。妥協は困難に思えた。

そこで党の長老たちが調整することとなる。その行事役として登場したのが七十六歳になる副総裁の椎名悦三郎だった。田中の残る任期八ヵ月ほどをカバーする暫定政権の案も出たが、それもつぶれた。結局、椎名は候補者として、三木、中曽根、大平、福田ら派閥の実力者を選び、その順で会談をもった。

この四人のうち、先ず中曽根は次期内閣で幹事長を狙っていることが分かる。福田と田中の推す大平では、どちらに決まっても、党内のおさまりがつくまい。喧嘩両成敗にするかどうか。でも残る三木にはどうも気が進まない。椎名は悩んだ。

そんなとき、永田町に妙な噂が流れた。それも極めて現実感のある噂である。民社党の佐々木良作と春日一幸が三木に近づき、保革連合政権を作ろうと働きかけているのだ。これに三木は飛びついた。

（これはチャンスだ！）

チャンスというのは、連合政権についてではない。そんなものはどうでもいい。むしろそれを利用して、今回の椎名裁定を有利に運べるかもしれないと考えたのだ。三木はバルカン政治家で、策略にたけている。佐々木と春日に会い、それも極秘ではなく、どこからか漏れ出るような形をとっている。誘いに興味を示しながらも、ああだこうだとはぐらかし、すぐには応じない。しかし拒否もせずに、巧みに時間稼ぎをした。さすがバルカンである。

椎名は気が気ではない。保革連合の影に怯え、早く決めねばと焦る。

――短期の暫定政権でもいい……。

そのことばかりが頭にあり、時間もない。結局、椎名は妥協し、取り込むようにして三木に決めたのだった。三木の思う壺である。

田中も、三木ならそう長くは続くまいと安易に考え、受け入れた。この安易さが田中の政治的落命につながるのだが、運命というのは酷薄《こくはく》である。ほんのちょっとした不注意や楽観が、後にロッキード事件有罪という形で、田中の名誉と実績を粉々に砕いていくのである。

十二月九日、三木内閣が発足する。瓢箪《ひょうたん》から駒の政権奪取に、三木はいまだに信じられない思いが強いが、自分の知略・智謀にいっそうの自信を増した。

それまでの三木の政治姿勢には特色がある。常に大衆や世論の動向にアンテナを張り、最も受けの良い政策を最優先で選び取る。それらが自分の所信に矛盾しようが、国益から見てマイナスであろうが、いっさい構わない。時々の民意に沿うことだけで政界生き残りを図ってきた人物なのである。或る意味、民意を吸収する柔軟な政治家ともいえるが、別の見方をすれば、大衆におもねる典型的なポピュリストでもあった。

この時期、世間は田中糾弾の一色で染まっていた。当然、三木は金権政治打破、田中式政治からの脱皮、党改革、独禁法強化など、マスコミや国民が喜ぶことばかりを口酸っぱく叫んできたし、総理になってからというもの、いっそう過激さを増した。マスコミ論調の高まりに合わせるかのように、ぽんぽんと過激発言を繰り返し、実際、独禁法改正など、経済界の猛反対を押し切って成立させた。政治資金規正法改正案も同様である。周囲の意見をまともに聞かず、マスコミと世論だけが頼りの、いわば独裁政治だ。

この三木の独走に椎名ら重鎮は苛立ち、反撥した。

「こんなはずで総理に選んだのではないぞ！　政策はもっと党と相談してから決めてもらわないと困るじゃないか」

椎名は後悔した。三木との間の距離がますます開く。

（どうすればいいのか……）

だがこの反撥が三木を不安にさせ、孤独感へと追い詰める。焦った彼は、唯一最大の頼りである大衆の支持にすがろうとし、いっそう過激な行動に走るのだ。政策の中身よりも、独自色を出すことが最優先となる。両者にとって、悪循環は広がる一方である。悪循環というのは、椎名らにとっては三木の独走であり、三木にとっては政権の不安定化だった。

田中の身にも変化が起こる。体調は徐々に回復を見せはじめ、気力もそれに合わせるように満ちてくる。まだ表舞台に出る気はないが、勉強だけはしておきたい。自宅前に待ち構えるカメラマンのフラッシュに片手を上げる愛嬌も取り戻し、毎日、田中事務所へ通い出した。

事務所の部屋の隅に段ボール箱の山がある。頼まれた未整理の色紙が詰まっていた。それを見て、田中は大げさな驚きの声を出した。

「ほう、こんなに溜ってたんだ」

忙しかった首相時代をまた懐かしく思った。秘書の佐藤昭子に向かい、

「これから毎日、サインしていこう」

と言って、箱をテーブルの上に持ってきた。佐藤昭子はそんな田中の姿を見て、溢れそうになる涙をこらえた。うれしかった。田中の復活の予感を感じた。ゴルフの腕が五十を切り、回復基調なのも朗報だ。

そんななかでも田中は私邸での朝の日課は続けていた。訪問客との面談である。一九七四年十二月三十一日付け朝日新聞夕刊に、田中の日常を「角さん近況」欄で報じている。

「首相時代と同様、朝は早い。午前六時のテレビ・ニュースは欠かさず見る。変わったことといえば、朝食のあとに訪問客と会うようになったことだ。

八時すぎ、紺の背広にゲタばきスタイルで別館の応接間に姿を見せる。訪問客は、今でも

平均二十組。その大半は、政、財界人、高級官僚のOB。つい最近、自民党の椎名副総裁や、政治資金の近代化をすすめている経団連の幹部も姿を見せた……。十一時すぎには、砂防会館の田中事務所へ。田中派の若い代議士と話をしたり、好きな将棋を指したり」

しかし田中は注意深くなっていた。復活への意気は他言しないようにしている。むしろ煙に巻く策に出た。同紙は続ける。

「『オレは舞台を降りた中年増《としま》の芸者みたいなもので、再び舞台に戻る考えはないよ』—角さんは最近、田中派の代議士にこういった。また、『五十六歳はちょうど定年のトシだ。だが、日本人の平均寿命は七十歳を超えている。中途半端で、間がもつかなあ』とも語っている」

その一方、三木の田中式金権政治への攻撃はいつまでもやむことがない。マスコミも終始、歩調を合わせている。むしろ田中への包囲網を縮めつつあるという印象さえ与えた。例えば税務署だ。田中が総理の座から滑り落ちたのを機に、田中の個人資産の出所を暴こうと、国税庁は態度を豹変させた。それ以前は丁重な探り方だったのが、一気にぞんざいで、容赦ない調べ方に変わったのだ。世間の田中糾弾は増す一方である。

それにもかかわらず、田中の力はじわじわと復元に向かう。本人は自重を続けていても、実力は覆い隠せるものではない。田中派議員たちが昼、夜と活発に動いている。三木は絶えず警戒し、いつどんな手で追い出されるか分からない不安にさいなまれた。椎名ら長老たちも自分たちが下した裁定の誤りから来る怒りで、あちこちで秘密の会談をしている。どうも後ろで糸を引いているのが田中ではないかと、そんな噂が入ってくる。

それに田中が元首相、佐藤栄作の葬儀委員長になったことは、三木にとって嫌なニュースであった。佐藤栄作は一九七五年五月十九日の夜、築地の料亭「新喜楽」で開かれた財界首脳の集い「長栄会」に出席していた。乾杯の音頭をとろうとグラスを持ち上げたとき、不意にその場に崩れ落ちた。脳出血だった。急遽、そこにある大広間に医師団が呼ばれ、臨時病院が開設された。佐藤ほどの大物を救急車で運び出すことをためらったのである。

二日後に見舞いが許可された。その時の田中の狼狽ぶりと治療中の佐藤を思いやる心情は、皆に深い感銘を与えることとなる。

田中は、「新喜楽」に着くと、無言のまま佐藤が寝ている大広間へ一直線に、急ぎ足で近づいた。しばし佐藤の寝顔を食い入るように見詰め、小さな息を吐いたあと、その傍らにぺたんと座った。泣いているのか笑っているのか、顔が皺だらけで、くちゃくちゃになっている。

「ああ、こんなになっちゃって、こんなになっちゃって……」

語尾が喉の奥でつぶれた。そして脇で看病していた妻の寛子に向かい、首を左右に振りながら、

「総理大臣というのをやると、キツイんですよ。こうなっちゃうんですよ、本当に……」

と言って、ひょいと手を差し出した。寛子が握っていた佐藤の手を自分が取り、両手でさすりはじめた。

「自分でさするんですよ。こうして……」

と言いながら、辺りを構わず、懸命に佐藤の体を順々にマッサージする。それが一通りすんだところで、医者や看護婦の方へ向いた。前へ進み出、一人一人と握手を交わすのだ。

「お願いしますよ、先生。こんなふうになっちゃたんだ。オヤジさんを助けるには、先生方しかいません。俺じゃあ、どうしようもない。頼みますよ。頼みますよ、看護婦さん」

それがすむと、今度は体温表やカルテが置かれている赤い小机の前へ進んだ。グラフや数字を指でさしながら、

「これは何ですか。これはどういう状態ですか。大丈夫ですか」

などと、矢継ぎ早に質問をしたのだった。

そんな田中の態度を見ると、まことに人情味があふれていて、決して総理を経験した権力者にはみえなかったと、周囲にいた誰もが語っている。

これが田中の本性なのである。人に恨みを抱かず、あっさり許す。困った人を見ると、助けたいと思う。恩人（入内島金一）には自分の命（政治生命）を投げ出すことも厭《いと》わない。こんな田中が人事不省の佐藤の手をとり、懸命に身体をさする。損得の勘定など入る余地もなく、衝動的に走り寄ったに違いない。

佐藤には二十八歳で初当選して以来、今日まで犬馬の労を惜しまずに尽くしてきた。愛弟子の福田赳夫に肩入れする佐藤から、時としてうとまれ、冷たく遇されたこともあった。だが今、その苦楽をともにしてきた恩師が命を喪失しかかっている場面に接し、田中の感情は

いっさいの恩讐から解き放たれた。佐藤の心と一体となった、懺悔と、そして和解という安らぎとの共生に身をまかせたのだった。

それから二週間ほどして、佐藤は逝った。葬儀委員長には現職首相の三木でも直系の福田でもなく、田中が皆から推された。当初、田中は固辞したが、兄である岸信介と佐藤の妻、寛子のたっての願いで引き受けたという。恩に着せたと思われたくない田中は、むしろ喜んで受諾の意を示した。

時は流れた。一年以上が過ぎた。三木内閣はダッチロールとまではいかないまでも、田中攻撃という世論をバックに、その日暮らしのような政権運営を、とにもかくにも続けている。だが或る時を機に三木の顔に生気が見えはじめる。余裕に裏打ちされたほのかな生気とでもいおうか。恐らく後で起こる事件の情報をすでにつかんでいた可能性が高いのだ。

それが起こったのは、一九七六年二月四日のことである。場所はアメリカ上院多国籍企業小委員会（チャーチ委員会）だ。ロッキード社（ロ社）の海外不正支払いを追及していた公聴会で、突如、日本人の右翼の大物、児玉誉士夫の名前が飛び出した。同社の会計士が、児玉がロ社の秘密代理人であったこと、そして新型旅客機トライスターの日本売り込みにあたり、三十億円以上を支出し、そのうち二十一億円が児玉に渡った、と爆弾証言をしたのだ。

続いて六日には、ロ社のコーチャン副会長が、これまた驚きの証言をする。田中角栄と刎《ふん》頸《けい》の友と揶揄されている小佐野賢治と、総合商社丸紅の檜山広社長、伊藤宏専務、大久保利春専務らを名指しし、丸紅を通して複数の日本政府高官に六億円の金を渡した、というのである。日本が国産化を決めていた次期対潜哨戒機（ＰＸＬ）も、国産化が白紙還元されたという。

日本は大騒ぎとなった。マスコミも政界も、そして国民も、降って湧いたような爆弾にてんやわんやで、ロッキード一色で塗りつぶされた。

「政府高官とは一体、誰なのか」

小佐野賢治の名前が出た以上、その先にいるのは田中角栄ではないのか。田中が首相の時に、たぶんニクソンとのハワイ会談で、強引にロッキード社のトライスターに決める密約をしたに違いない。そんな疑惑の声が日本中に踊る。マスコミも叩きに叩いてきた田中の金権政治と結びつけ、「やっぱりそうだろう」と言わんばかりに、一方的に世論を盛り上げた。盛り上げたというより、誘導したに等しい。

海の向こうの民間人が話した内容を、まるで絶対的な神のお告げのように神聖化し、何の警戒も批判もなく、大新聞が連日、全段ぶち抜きで煽《あお》りに煽る。評論家や有識者たちも、政治浄化を訴え、それと対《つい》にある人間として、田中とトライスターを一直線に結びつけた。

三木が田中を攻撃することで政権を維持したのと同様、新聞や週刊誌、テレビなどのマスメディアも、田中を批判することで売り上げを伸ばしてきた。煽れば煽るほど売れるのだから、笑いが止まらない。まるでオーケストラを思わせる田中批判の合唱だ。すさまじい一点攻撃の突風が吹き荒れた。

国会では社会党の楢崎弥之助が右のこぶしを振り上げて、

「これは田中金脈の一環である」

と叫び、証拠を見せないまでも、確信しきったといわんばかりの歯切れのよさだ。勢いというものは怖い。有無をいわさず、すべてを飲み込んでいく。野党はもちろん、与党も、

「事件の真相解明に全力を上げる」と表明した。

二月九日には、突然、久保防衛事務次官が、

「PXLの国産化白紙還元ですが、一九七二年十月九日の国防会議直前に、当時の田中首相、後藤田官房副長官、相沢大蔵省主計局長の三者協議で決まりました。防衛庁事務当局はその時まで知らされていませんでした」

と田中を名指す発言をし、事態はさらに紛糾する。これに対し、後藤田と相沢は直ちに抗議し、久保次官は発言を撤回するに至る。何だかあえてかき混ぜようとするその姿勢の裏に、大きな意図の存在が匂うのである。

十一日には東郷文彦駐米大使がワシントンに着任し、国務副長官のインガソルを訪ねた。そこで開口一番、三木首相の真相解明にかける熱意を説明し、協力を求めている。

爆弾は地球の裏、西ドイツでも破裂した。有力紙の一つが、「政府高官とは、田中角栄氏と岸信介氏である」と明言したのだ。どこでそんな資料を入手したのか分からないが、「田中は黒」というキャンペーンが世界中で着々と張られつつあった。

社会党の行動は素早い。十二日には調査団を訪米させ、渦中の人物、コーチャンから、

「私は昔、通産大臣時代の田中氏と、YX計画のことで会ったことがあります」という言葉を得る。YX計画というのは、戦後、日本メーカーが初めて開発した航空機YS11の後継機開発計画のことである。通産省主導の計画であり、そのことを田中が話したこと自体、何らおかしなことではない。担当大臣としての守備範囲だ。ところが、どんな内容であれ、田中がコーチャンと会っていて、顔見知りだったということだけが独走した。「やはり田中は怪しいヤツ」という烙印を押される始末なのだ。社会党調査団が得たものは、田中の色づけとは無関係なのに、意識的に或る方向へと利用された。

三木ははしゃいでいた。これは千載一遇のチャンスだ。ガセネタだとばかり思っていた某情報であったが、やはり本当だった。ここは一気呵成で行かねばなるまい。田中を倒す絶好の機会である。ドラキュラじゃないが、あヤツ、いつまた息を吹き返すか知れたものではない。

「事件の解明は、すべての政治課題に優先する」

とまで言い切った。内政外政の諸問題を棚上げにし、ロッキード問題に集中的に取り組む覚悟を表明した。

それを受けて、十六日の衆議院予算委員会で小佐野賢治と全日空社長の若狭得次が証人喚問された。十七日には丸紅の檜山会長、松尾社長、大久保専務、伊藤専務らが喚問され、もう嵐は止めようがない。

（明日の衆議院本会議が勝負だな）

それを関が原合戦の狼煙《のろし》にしよう。そう三木は考えた。そして二月二十三日の本会議で高らかに宣言する。

「政府高官も含め、一切の未公開資料を私から直接、フォード大統領に書簡で要請するつもりです」

議員たちの多くは眉をしかめた。世論のあることだし、究明は必要かもしれないが、一国の総理大臣まで務めた人物の黒白を、外国まかせにしようとする危うさと無責任さに、疑問を抱いたのだ。

幹事長の中曽根康弘は事件発覚以来、三木にこう進言していた。

「この問題は慎重に扱わねばなりません。血道をあげて、爪を剥《は》ぐような真似はしない方がいいでしょう」

また三木を首相に選んだ椎名も盛んに戒めている。

「外国から及んできた政治家がらみの事件は、後世のためにも慎重に対処しなければならない」

大平大蔵大臣も同様だ。苦々しげに三木を非難した。

「実務者に任せておけばいいのに、なぜ政治のマターにしなければいけないのか。政治というのは、ブレーキを踏んでもいけないが、アクセルを踏んではいけないのだ」

だがそんな進言や批判は、三木には何処吹く風だ。一点突破に迷いはない。もしこれが成功すれば、三木内閣は安泰になれるのだ。幸いなことに、マスコミや世論は自分の政治姿勢を、もろ手を挙げて応援してくれている。これは何よりも心強い。三木の異常な執念というほかはない。

（それに外堀が……）

と、三木は部屋の窓から優越の目で、ゆっくりと遠くをみやる仕草をした。外堀が確実に、着々とうめられていく。某機関から人を介して得る情報の正確さには舌を巻かざるを得ない。自分の方から頼んだわけではないが、一方的に注入してくる分には罪はないだろう。そう考えることにしている。

策士である三木のことだ。慎重さも忘れていない。衆議院本会議で狼煙をあげる直前、信頼しているブレーンで評論家の藤原弘達に、密かに意見を求めている。フォード大統領に、資料を求める親書を出す直前でもあった。

「ああ、三木だがね」

三木からの電話だ。藤原は飲みかけのコーヒーを喉の奥に押し込んだ。

「ちょっと君にお願いがあるんだけどね」

暫くしたら電気を消して新聞記者を帰すので、そのあとで首相公邸へ来てほしいという。

藤原が何事かと行ってみると、応接間に通されるなり、いきなりこう言われた。

「フォードに親書を出すのと出さないのと、どちらがいいか、君の意見を聞きたいんだ」

「うーん。いい、悪いとはどういうことなんですか」

藤原は咄嗟に質問の意図が読み取れず、聞き返した。三木はためらわずに答える。

「つまりだな。三木内閣にとって、どちらの方が長続きするか、ということだ」

「えーと、そうですね。どちらにしても、長続きはしないと思いますよ。でも、親書を出せば、田中角栄は確実に潰せるでしょうね」

三木は手のひらで足の腿《もも》を軽くたたき、満足そうにうなずいた。その後で茶菓が出たが、忙しそうな三木の邪魔をしてはいけないと、藤原は早々に引き上げた。

このことからも分かるように、三木の意図は単純だった。田中を潰すことだけに集中していたのだ。そうすれば、自分が権力の椅子に座り続けられるからである。そのためにはどんなことでもやり抜く意気込みでいる。それだけが日本国総理大臣としての政治課題であり、経済とか外交の意識はまるで持ち合わせていなかった。バルカン政治家の面目躍如というところか。

(ああ、まだある……)

と、三木は思いを新たにする。怨念だ。田中を許せないと思っている。七夕選挙の徳島選挙区で、腹心の久次米健太郎が苦戦した時の恨みを忘れたことはない。それを晴らすための絶好の舞台が準備されたのだ。三木は燃えに燃えた。信じられないことだが、こんなちっぽけなことも三木の政治的原動力の根底にあった。三木は側近に語っている。

「これから田中までどうやってつなげていくかだな。これがヤマになる。田中は死に物狂いで抵抗してくるだろう。俺と田中の勝負だ」

法務大臣の稲葉修も盛んに援護射撃を打った。マスコミへの過激発言はまるでデモのシュプレヒコール顔負けだ。法務を所管する大臣の枠を逸脱し、今やアジテーターと化している。丸紅の大久保や全日空の若狭らを逮捕したあと、こうも言っている。

「これまでの逮捕者は、まあ、相撲に例えたら、十両か前頭に過ぎん。これからどんどん好取り組みが見られるよ」

「捜査は奥の奥の神棚の中までやるつもりだ」

「捜査当局が百三十人も呼んでいるんだ。出てくるのはイワシや小サバだけじゃないからね」

さも田中を狙っているかのような言葉を国民に浴びせかけ、反田中への機運を盛り上げた。

法学博士で弁護士出身の稲葉は、田中と同じく新潟に選挙区がある。これまでずっと田中の後塵を拝し、のろのろと走ってきた。田中が初当選した一九四七年（昭和二十二年）、初の選挙で落選をしている。田中への嫉妬と恨みは三木とは違う動機から出ているが、田中殲滅《せんめつ》の大チャンスに乗らない手はない。稲葉自身も千載一遇のチャンスだと思っていた。


資料提供を求める三木の親書に対し、アメリカ側、つまり国務長官のキッシンジャーは即答しない。

「政府高官の氏名公表は、相手国の安定をそこなう」

と、もっともな理由を並べて、一応、難色を示す。一応というのは、すぐに受けると値打ちが下がるからだ。キッシンジャーは三木の立場を知り尽くしていた。彼の意図も、まるで千里眼で見るように十分に読めている。ここは貸しを作った形で受けるのが得策であろう。

そう考え、じらしたのであるが、かといって、あまり遅らせるのも考えものである。筋書き通りに進めねばならない。真打ち役である日本の検察の登場を待った。

地検特捜部のアクションも早かった。世論の後押しを受け、三木親書を実現すべく、検察官をアメリカへ派遣する。が交渉は難航した。この難航はキッシンジャーの歓迎するところである。

日本のマスコミはこぞって検察の後押しをし、正義のために戦う検察にエールを送る。

――粘り強い特捜部。

そんなイメージが日本列島を舞い、正義の味方、月光仮面の活躍に目を凝らす。そして程よい時期に両者の合意が成った。苦労の末、アメリカ側資料を入手したのである。国民の地検特捜部への信頼は一気に高まった。

資料は極秘扱いとされ、公表されなかった。だがそこには賄賂《わいろ》を受け取った高官名がしっかりと記されていた。それは「TANAKA」という人物で、丸紅ルートによる五億円であり、その部分だけが、何故か明るみに出されたのだ。おそらく検察によるマスコミへの意図的漏洩《ろうえい》としか考えられない。なぜならその内容を知っているのは、検察と、たぶん内閣の上層部だけだからである。

「TANAKA」の文字はたちまち新聞紙上に踊った。もはや国民は田中角栄を意識するのに一瞬さえ要しなかった。検察は国民の強い期待を背負いながら、米側とさらなる協議を続ける。そして単なる一資料だけでなく、幅広い資料提供の話し合いがまとまり、司法取り決めが調印されたのだった。そこにはアメリカの善意の協力に頭を下げる日本の姿があった。

しかしここへきて、又もや日本は頭を下げるのだ。地検がこれだけの資料で田中を立件するわけにはいかないのである。「TANAKA」だけでは情報がなさ過ぎる。どうしてもコーチャン副会長の尋問が必要なのだ。それにはコーチャンに日本へ来てもらい、尋問せねばならないが、そんなことを彼が受けるはずがない。賄賂を渡したと認めた途端、日本の法律が適用され、贈賄《ぞうわい》罪で逮捕されるからだ。

ここで三木内閣は検察と相談した結果、異例の「嘱託尋問《しょくたくじんもん》」と呼ぶ奇策を考え出す。日本の検察に代わり、米連邦地裁がアメリカ国内でコーチャンを召還して、賄賂《わいろ》について供述してもらうように依頼した。

だが米政府は乗り気薄である。

「今のままではコーチャンは、すべての真相を話すとは限らない」

と、逃げを打つ。アメリカ、というよりもキッシンジャーはどこまでもしたたかだ。十分な証言を引き出すための条件をつけた。

「仮にコーチャンが、贈賄の罪が明らかな証言をしても、彼を罰しないという刑事免責を保証してほしい。それも日本国の最高裁判所の保証でなければならない」

そうすれば、証言記録を日本に引き渡してもいいというのだ。アメリカではしばしば利用される司法取引であるが、日本の法律では認められていない。明らかな憲法違反なのである。いかに総理大臣、検事総長といえども、違法なことは出来ない。

しかしアメリカはここでも日本側の動きを読み解いていた。

（三木はどんなことをしてでも、食らいついてくる）

その読み通り、日本側は動いた。阿吽《あうん》の呼吸で三木の意向を汲む検察庁は、最高裁と交渉を重ねる。日本とアメリカの裁判官同士もあわただしいなかで連絡を取り合う。

マスコミと世論の後押しは何よりも心強い武器だ。三木にも、検察にも、最高裁にも、強烈な支持の風が吹いた。そしてその風に乗るように、というよりも煽られるようにして、とうとう最高裁までもが、憲法違反に目をつぶり、同意するのである。何と無謀な行為であろう。「不起訴宣明書」を出すことを、最高裁が承認するのである。コーチャンの刑事免責を決議し、「検事総長宣明書に対する最高裁長官の保証書簡」という形の、いわゆる最高裁お墨付きの不起訴宣明書を出したのだ。ロ事件での田中側弁護士木村喜助著「田中角栄の真実・弁護人から見たロッキード事件」によると、「そのような供述は証拠にできないという有名な最高裁判例もすでにあったのである」と書かれている。

十三名の裁判官全員が賛成したのだが、違法性についての議論はほとんどされなかったが、たとえされたとしても、なおざりだったと言われている。ただただ国民の非難を怖れ、いや、むしろ賞賛を得たい一心で、目をつむって大急ぎで承認したのではないか。法の番人であることを忘れ、「田中は有罪だ」と頭から決めてかかり、自分たちも月光仮面になろうと、功にはやったとしか考えられない。そんな疑問が消えないのである。

何故ならその後、田中のロッキード裁判が最高裁まで行き、田中が死亡した一九九三年、最高裁は何と刑事免責をした「不起訴宣明書」を、違法だったと認定したのである。コーチャンらの証言を有罪の証拠としてはならない、と決定したのである。信じられない愚行ではないか。違法の宣明書を出して田中を有罪に導き、死ぬまで裁判闘争をさせておきながら、被告が死んだ途端、「あれは違法だった」といきなり白状した。まるで田中の死を待っていたかのような行動である。これが天下の最高裁がやることなのだろうか。三十数年過ぎた今日でも、最高裁は不起訴宣明書を出した経緯をほとんど秘密にしたままである。当時の最高裁、検察、法務省は、頑なに守らなければならない隠し事を持っていたのである。

田中は死ぬまで自分は無罪だ、冤罪《えんざい》だと叫び続けた。もし当時、最高裁の十三名が、法の番人としてのひとかけらの義務でも果たしていれば、違法な宣明書を出さなかったであろう。そうすれば嘱託尋問も行われず、有罪か無罪かは別として、日本の法律に基づく裁判が進行したに違いない。

ともかく検事も裁判官も異常であった。地検特捜部の検事らは、法律家としての枠を乗り越えた。頭から田中イコール悪という図式をこしらえ、それに沿って、猛然と事件追求に向かって目の色を変えた。裁判官も嘱託尋問という違法操作をチェックすべき基本的職務を怠り、違法な証拠に基づく裁判へと突っ走るのである。彼らは皆、冷静な判断力を失っていたのだろうか。上層部からの指揮に忠実に盲従したのか、或いは世間からの拍手喝采を単純に期待したのか。ともかく異常な熱気が日本全体に渦巻いていた。

コーチャンやクラッターらが勝手に述べた陳述書を証拠採用するのなら、少なくとも田中か丸紅側の弁護士が反対尋問するのが常識である。だがそれもなしに、一方的に起訴しないという司法取引をしてしまうのだ。おかしな話である。

さて、この頃、「田中角栄研究」を発表してマスコミの寵児に躍り出た立花隆はどうしていたか。

新聞や雑誌には、ロ社の裏金作りに動いたと思われる会社や人名が連日、登場し、「ディーク社」とか「ID社」などの活字が派手に踊っていた。そんななかに「サトー」の名が飛び出した。ロ社が支払った領収書の一枚に、「サトー」というサインがあったのだという。これを見て、立花隆は週刊誌に、このサトーとは田中の秘書である佐藤昭（昭子）が最有力候補だと書き、田中有罪の心証を国民に植えつけようとした。

当時、サイン事件を知った田中は心配した。筆跡から判断して、几帳面な性格の女性文字だというではないか。人を疑わない田中だが、佐藤にきつく尋ね、念押しをした。

「冗談じゃないわ。そんなことをするわけがないじゃない。きっと誰かの陰謀よ」

「よし。じゃあ、こうしよう。潔白を証明してやろうじゃないか」

筆跡鑑定をしようというのである。

週刊誌はこの領収書にサインをした候補者として、五人の名をあげた。故佐藤栄作元首相、佐藤文生衆院議員、佐藤孝行衆院議員、佐藤守良衆院議員、佐藤昭（昭子）というわけだ。

金脈リポートの立花隆も黙っていない。週刊誌の五人を受けて、

「この五人の中からサインした人物、つまり佐藤某を選ぶとすれば、佐藤昭さんが最有力候補でしょう」

と言い切った。ところがこのサインは、ロッキード社が三文判を使って作成した偽領収書だと分かった。立花隆の努力は無為に帰したのだった。

何でもかでも「田中・イコール・クロ」にもっていきたいマスコミと立花隆の意気込みがうかがわれる一事であった。ロ社が偽領収書を作っていたという事実は、何を物語るのか。一事が万事だ。コーチャン副会長の証言そのものの信憑性が疑われても仕方あるまい。だが検察も裁判所もマスコミも一体となり、そのことを不問に付した。

そもそもこの事件は最初から不思議なことだらけなのである。先ず田中への賄賂を暴露したチャーチ委員会からしてそうだ。ロッキード社の日本での政界工作を記した秘密の会計書類が、誤って上院のチャーチ委員会に送られてきたのだという。それほどの重要書類が、間違ってこともあろうに国会へどうして送られてきたのか。しかも封書の宛先が違うのも無視し、誤って開封してしまうのである。すると秘密書類や領収書などがぎっしり入っていたというわけだ。

郵便の誤配達と誤開封という二つの偶然が重なり、それがきっかけとなって、田中の疑惑へと一直線に突き進む。実に不自然な成り行きである。不自然というより、何か背後に作為的なものを感じざるを得ない。政治家田中角栄を永遠に抹殺する強烈な意図が匂ってならな

いのである。

それは綿密なスケジュールに沿っているかのような観さえした。先ず立花隆の田中批判の論文からはじまる。続いて外人記者クラブが唐突に田中を悪者に仕立て上げたインタビュー事件。その後、爆発的に国会やマスコミ、識者などによる田中式金権政治への非難が続く。そしてそれらが沸騰点に近づいたとき、満を持したかのように突如、チャーチ委員会で田中への賄賂疑惑を暴露した。

暴露の仕方はもはやどうでもいいと考えたのか。あり得ない偶然が二つ重なろうと重なるまいと、一気に田中抹殺へと動くのである。この辺りの荒っぽさは、過去のアメリカCIAによる海外工作を見れば合点がいく。政権転覆とまではいかないまでも、いつまた復権するかもしれない田中を潰し、アメリカの敵を抹殺する作戦に出たと考えられよう。

田中の独自の資源外交やアメリカに先駆けた中国との国交回復、さらには自分たちの宿敵ソ連との近い将来の平和条約締結の可能性と、どれもこれもがアメリカの国益にとって邪魔なのだ。その張本人の田中角栄を潰すことに、キッシンジャーは執念を燃やしていた。そう考えて不思議はないのである。

そのための準備は十分にしてきたつもりだ。在日CIA要員だけでなく、学者や評論家、新聞の編集者など、味方は多い。スパイになってくれている者もいる。国会議員や官僚だって、ずいぶんと金で面倒をみてきた。検察や裁判所にも、アメリカの大学への留学時にシンパになった連中もいて、こっそり組織に潜り込ませている。それに外務省はいつの時も味方になってくれるので、有難い。彼らが今、いっせいに蜂起して、田中攻撃の論陣を張ってくれるし、何よりも三木首相が先頭に立って引っ張ってくれているのが心強い限りだ。獲物をどんどん追い詰めていった。

それでもキッシンジャーは油断することはなかった。田中への怒りは感情のマグマで燃えてはいるが、作戦は冷静だった。過去の幾多のＣＩＡ工作での失敗が彼に用心することを自然に植えつけていた。

コーチャンはキッシンジャーの意向に沿い、しっかりと田中包囲網のレールを敷いたのだった。彼への嘱託尋問は七月六日から四日間、ロサンゼルスの連邦地裁で行われた。日本から東京地検特捜部検事の堀田力と東条伸一郎が立ち会った。

コーチャンは全日空へトライスターを売り込むため、何度も日本を訪れて丸紅の幹部と会っている。ライバルは三井物産を代理店とするダグラス社製のＤＣ10機だ。一九七二年秋といえば、田中がニクソン大統領とハワイ会談をした頃であるが、ちょうど両社は日本を舞台に激烈な戦いを演じていた。

いよいよ全日空が九月中には機種決定することをコーチャンは知り、八月二十日に日本入りした。彼の供述によると、翌二十一日、丸紅本社を訪れ、檜山社長に会った。食事をともにし、トライスター売り込みの情勢分析などをする。二十二日に、販売責任者である大久保専務と会い、最終作戦を練る。そして二十三日、檜山と大久保が目白にある田中の私邸を訪ねた。二人で田中を訪問するようにと、コーチャンが依頼したからだという。では何のためにそんな依頼をしたのか。それが問題になってくる。

当時、日米間では貿易不均衡で摩擦が生じていて、改善のために日本がアメリカから大型民間航空機など、何か大きな買い物をせねばならず、九月一日のハワイ会談ではそれが話題になることを自分は知っていた。そこで日本の総理大臣にトライスターの長所を説明してほしい、と頼んだというのだ。明確な言葉では証言せずに婉曲的ではあるが、直接、檜山の口からトライスターを買ってもらえないかと頼んでほしい、という意味のことをコーチャンは依頼した。

そのためには五億円の賄賂を渡す必要があると、二十二日の作戦会議で大久保から言われていた。しかし自分はその渡す相手について、誰かは知らない、という。そう言いながらもコーチャンは、大久保から受けた報告内容を次のように証言している。

「自分たち（檜山と大久保）は総理大臣に会い、話をした。（五億円報酬の）申し出もした。その線のあたりで約束された」

そして別の米人検事の尋問にコーチャンは具体的な証言をする。

「一九七三年六月後半に大久保から約束の五億円を送れと言われた……。そこでロッキード社のホートン会長に相談し、送る旨の返事を大久保にした」

その五億円は四回に分けて支払ったことも、ロッキード社東京支社長だったクラッターらの証言から判明する。

田中はコーチャン証言に驚いた。ハワイ会談ではニクソンと航空機購入の必要性は確かに話したが、どこの製品にせよなどとは一言も言っていない。それは民間会社が決めることである。たとえ総理といえども、一民間企業の経営方針に介入することなど、出来るわけがない。それなのに自分が賄賂欲しさに頼んだかのようにでっち上げられている。その上、政治家が外国から金を受け取ることなど、あってはならない大原則だ。丸紅とそんな話をすることなど、あり得ない。それなのにコーチャンはさも事実のように証言をしている。田中の怒りはおさまらない。

しかしその怒りは法的には何の効力もなかった。最高裁が保証した嘱託尋問である限り、日本側からの一切の反論は出来ないのである。「その証言がすべて正しい」という前提で以後の捜査と裁判が行われた。贈賄の主犯である人物に直接会って、何を言っているのか、嘘をつくなと、反対尋問をして確かめたい。そう考えたのだが、その当たり前のことが今回は通用しない。海の向こうで贈賄の犯人が一方的にしゃべったことが、一言一句、日本国内での絶対的な「証拠」となってしまったのである。これが最高裁が保証した嘱託尋問だった。一方的な証言により、田中は以後、死ぬまで糾弾されることとなる。

しかし日本社会はこの理不尽なやり方を歓迎し、支持さえした。悪党をやっつけるのに正義などおこがましい。身の程知らずだと、マスコミ論調は頭から田中を有罪だと決めてかかり、検察もそれに沿って捜査に突進する。そして要所要所で検察からマスコミへのリークがなされ、田中、丸紅、全日空の悪者ぶりを紙上にこれでもかと披露した。検察が最も得意とする世論づくりである。コーチャン発言の検証もせず、これが正しいと一方的に世論を盛り上げる。ナチス時代のファシズムを思い出させるのに十分だ。フェアーで冷静な姿勢は微塵も見られなかった。

ここでコーチャン証言の矛盾の一つについて、客観的な状況を概観しよう。それは田中が有罪か無罪かの核心につながるからだ。ハワイ会談の時点で、ロッキード社のトライスターとダグラス社のDC10の競争状況は果たしてどうであったか。結論的にいうと、全日空社内では、すでに購入機種をトライスターに内定していたのだ。両機が競っていたので不安だった、だから田中に頼もうとした、というコーチャン発言は偽りである。トライスター優位の事実を丸紅とコーチャンが知らなかったはずがない。

民間航空会社では機種を選ぶとき、組織的に社内委員会を立ち上げ、徹底的な、極めて慎重な調査を経て行われる。部外者である政府が介入する余地はまったくない。全日空も新機種選定委員会を設け、二年以上にわたって検討を重ねてきた。まさに社運をかけた検討なのである。

両機への評価は甲乙つけがたい状態で推移していたのだが、ハワイ会談の数ヵ月前から、どういうわけかDC機の事故が多発した。一方、トライスターは順調な飛行を続け、両機の差は明確になっていた。

例えばそのDC機の事故例を箇条書きにしてみよう（木村喜助「田中角栄の真実」より）。

①　一九七二年六月十一日、アメリカン航空のDC10において、ロサンゼルス空港で貨物室ドアのロックに支障事故が発生した。

②　同年六月十二日、アメリカン航空のDC60において、ウィンザー上空で、後方貨物室ドアが脱落し、そのための急激な機内の減圧が操縦機能に障害を与え、操縦不能寸前の状態となり、デトロイト空港に緊急着陸した。

③　同年七月二十七日、コンチネンタル航空のDC10において、ロサンゼルス空港を離陸上昇中、第三エンジンが脱落した。

④　一九七三年十一月三日、ナショナル航空のDC10において、アルバカーキ上空で第三エンジンが爆発して機体に穴があき、乗客一人が機外に吸い出された。

⑤　一九七四年三月三日、トルコ航空のDC10において、パリのオルリー空港離陸直後、貨物室ドアの脱落から機内の急激な減圧が起こり、客席床が下にへこんで操縦系統を破壊したため墜落し、乗客三四六人全員が死亡するという大惨事を起こした。

三例目にあるDC10のエンジン脱落というのは構造上の欠陥事故であり、機種決定に致命的な影響を及ぼす。はっきり言って、完全な技術失格なのだ。これに対し、トライスター機は世界中で順調に飛行した。構造上の欠陥が一度も発生せず、安定した優秀さを示していた。

さらには一九七二年七月二十三日、東京、大阪、鹿児島の各飛行場で、トライスターとDC10がデモフライトの競演を行った。どちらが優秀かを公開で競うのだ。トライスターは性能開示と説明を誠実に行い、確かな飛行を行った。これに対し、DC10は秘密を残したごまかし的な飛行をし、見ていた全日空関係者の不信と不評を買ったのだった。

先のDC機の事故例から分かるように、最初の三件は、コーチャンが日本へ行き丸紅幹部と会った八月二十日より前に起こっている。また九月一日のハワイ会談からは相当前の事故なのだ。エンジン脱落という重大欠陥も合わせて考えると、全日空が早い時点でトライスターに内定していたのがよく理解できる。

これらの事故は丸紅幹部もロ社のコーチャンも熟知していたことであり、自分たちが極めて有利な位置にいることも知っていた。現に八月当時、担当専務の大久保は休暇をとって、のんびりと旅行をしていたくらいである。

それなのになぜ五億円もの賄賂をわざわざ時の総理大臣に渡してまで、ハワイ会談でニクソンに念押しさせる必要があるのか。常識的にはとても考えられない行為ではないか。にもかかわらずコーチャンは、丸紅を通じて田中に依頼したと証言するのだ。田中が、そんな馬鹿げたことを請け負うはずもない、と全面否定したのもうなずける。

ところがこんな常識的な事実も、検察官や裁判官の前では無力であった。いくら田中弁護団が強調しても、一顧だにされず、嘱託尋問という伝家の宝刀でばっさりと切られる。コーチャン証言はすべて正しく、それへの疑いは許されないのだ。最高裁が与えた水戸黄門の印籠は田中をがんじがらめに縛り上げ、最初から弁論が不可能なほどの深手を負わせるのである。

なぜコーチャンはこんな誰にも分かる虚偽証言をしたのだろうか。そして、なぜ日本政府もマスコミも、評論家といわれる識者たちも、無批判にそれを押し頂き、いっせいに田中抹殺に動いたのか。

いや、参加者はそれだけではない。正義の味方であるべき検察までがいっさいの聞く耳をもたず、最高裁と図って憲法違反となる嘱託尋問へと突っ走るのか。その勢いは続き、もはやブレーキの効かない暴走列車となって、大いなる謎をはらんだまま遂に田中の逮捕まで進むのだった。だが奇妙なことに、国民はそれが謎をはらんでいるとは思わなかった。「カネに汚い悪者」を退治する彼らに拍手喝采を送り続けた。世論というのはこういうものなのか。

国会では証人喚問が続いていた。小佐野賢治をはじめ、全日空の若狭社長、大庭前社長、渡辺副社長、丸紅の檜山会長、松尾社長、大久保専務、伊藤専務など、彼等への糾弾一色である。

その一方で、東京地検は警視庁と東京国税局を巻き込み、合同で丸紅本社や児玉誉士夫の自宅などを捜索していた。外為法違反の疑いである。日本で日本人が米国ロッキード社から金の支払いを受けるには、日本銀行の許可がなければならない。それを守っていないのではないか、という疑いなのだ。

この法律は確かに存在はしているけれど、為替管理が緩和される動きのなかで、現実にこれを使って処罰することは行われていない。にもかかわらずこの形式的な違反を取り上げ、強制捜査に踏み切ろうというのだ。それほど検察は何かに取り付かれたように急いでいた。

病気療養中の児玉が在宅で取り調べられ、外為法違反で東京地検に起訴される。丸紅の檜山、大久保、伊藤も逮捕され、議員証言法違反や外為法違反、贈賄罪などの共犯として起訴される。全日空の若狭らも軒並み逮捕された。地検は彼らから供述を引き出し、事件の構図をほぼ描ききる。その都度、情報リークを通じて世論を導くのに余念がない。毎度のことだ。そして遂にターゲットである田中逮捕に踏み切るのである。

一九七六年七月二十七日早朝、田中は自宅で逮捕された。事前情報もなかったし、予想もしていなかった。だが田中は取り乱したふうはなく、堂々としている。前を向き、毅然とした態度で検察の車に乗り込んだ。田中は直ちに自民党に離党届を出した。罪を認めたからではない。党に迷惑をかけたくなかったからだ。

外為法違反という別件逮捕であったが、翌月十六日にはそれに加え、本命の受託収賄罪で起訴された。拘置所での田中は終始、姿勢を崩さず、容疑を否定し続けた。

田中逮捕の準備は極秘のうちに進められた。検事総長の布施健は、徹底した隠密作戦をしいた。数日前に三木首相と稲葉法相だけに伝えていた。当日、電撃的に検事を目白邸へ向かわせた。警視総監の土田国保にも連絡していない。逮捕時、青梅署で剣道の稽古に汗を流していた土田は、知らせを聞くなり、

「俺はのけ者か！」

と激怒して、思わず竹刀を床にたたきつけたという。まるで検察ファッショともいえるほどの独走であった。

これまで疑獄事件の捜査は、検察と警察の合同で進められるのが常だった。地検が中心人物を逮捕し、警視庁が周辺の被疑者たちを逮捕する。ところが今回は違った。合同とは名ばかりで、田中のみならず、被疑者も含めた東京地検の逮捕者は十四名に上り、一方、警視庁は端役の四人だけに留まっている。捜査段階のみならず、被疑者逮捕もほとんどが検察中心で進んだ。警視庁は単なる補助役に回され、無視され続ける。

例えば検察に届けられたアメリカ側の膨大な捜査資料。普通ならコピーも含め、二部こしらえて、一部ずつ持つことになる。ところが当初、警察にはまったく書類が回ってこず、完全に無視されたのだ。業を煮やした土田警視総監は検察に異議を申し立て、その結果、二週間もしてからようやく秘密資料が届いた。だが肝心の重要部分が七百ページもはずされていて、事件の構図を読み取ることは出来なかったという。

土田が慎重に構えたのには理由があった。実は検察の性急な動きに困惑をしていたからだ。その理由は二つ。先ず事件そのものが海の向こうから突然やってきたものであり、鵜呑みにすることの危険性。それからこの種の事件捜査の常道として、じっくりと内偵を積み重ねていくものなのだが、それがまったく出来ていないうちにどんどん事件化していくという、捜査の稚拙《ちせつ》さにあった。

「政治先行で世論主導型」

と喝破し、マスコミや世論から支持された、分別ある常識的な指揮を目指そうとしたのである。

このようにロッキード事件は最初から異様づくめであった。重要捜査については警察側の介入さえ拒否し、「検察・警察合同捜査」の看板の裏で、終始、ほとんど検察だけの独断で進めた。

これまでの慣例さえ無視した検察の異様な態度は、いったい何を物語るのだろう。緻密な証拠固めよりも、まるで何かに追われるかのように、スピードだけを重視し、猛進したのはなぜだろう。外国からなのか国内からなのか、何か強力な指示があり、ターゲットの本命である田中に一刻も早くたどり着きたいと、そう考えても不思議はない。そして問題は、このような未曾有の捜査によって、元内閣総理大臣田中角栄が逮捕され、起訴されるのである。

田中逮捕の一ヵ月弱前の六月三十日、三木はプエルトリコのサンファン・サミットに出席した帰路、ワシントンへ立ち寄り、フォード大統領と首脳会談をもっている。その時の会談内容は明らかにされていないが、概要が漏れ出た。経済問題と並んで、ロッキード事件も重要課題だった。両首脳はこの事件をP3Cへつながらせないことと、トライスター疑惑を進めて田中逮捕までこぎつけることを確認したと、そんな情報が永田町に出回った。そのことについてキッシンジャーは、

「三木首相とロッキード事件についての全般的な意見交換をした」

と、慎重な言い回しで肯定している。

三木は逮捕の二日前にブレーンの藤原弘達を呼び、対処の仕方について相談を持ちかけた。

いつものように直々の電話での呼び出しだ。

「ああ、三木だがね。すぐにでも会いたいんだ。なんとか都合をつけてくれないだろうか」

藤原は三木の唐突な呼び出しには慣れている。唐突であればあるほど重要課題であることも知っている。夕食を終え、これから客との面談で外出しようとしていたのだが、急遽キャンセルし、急ぎ足で駆けつけた。普段は泰然としている三木の顔に緊張の筋が幾本も走り、こわばっている。

「いったい何事ですか」

「いやあ、とにかく、大変なことになってねえ……」

東京地検が田中角栄を逮捕するという。そのことを知らされたというのだ。藤原は遅かれ早かれこうなるとは予測していたが、三木の言葉を待った。

「ここは一つの仮定として話したいんだけどね。そういう異常事態が起こったとき、情勢がどう動くのか……」

「政局ですね？」

三木降ろしのことだ。

「そうなんだ。椎名さんらの攻勢に、総理大臣として、どういう行動を取ったらいいか。遠慮なく率直に聞かせてもらえないか」

三木は藤原を信頼しきっている。それは藤原には重荷でもあるが、その重い分だけうれしくもある。真摯にアドバイスをする気になった。三木の性格から、すでに内心では自分の考えを決めているのを知っている。藤原には十分に予測できたし、その考えには賛成なのだ。ことここに至ったからには迷いは致命的になる。客観的な情勢分析を交え、王道を進むことを進言した。気がつくと、もう時間は午前三時を回っていた。

しかし、三木は千両役者である。逮捕直後の七月三十日に福田赳夫は三木に会い、「あなたは知っていたのではないか」と血相を変えて詰め寄った。三木は、「事後報告ではじめて知った」と白《しら》を切る。福田の怒りはおさまらない。

「総理大臣の事前了解なしに逮捕するなんて、あり得ないですよ。総理大臣って、そんなに軽いものかね」

と、吐き捨てるように突っぱねた。その後、数日間福田は側近に三木の不実さをなじり、「嘘をつくのも、ほどほどにしろ」

と、まだ怒っていたという。福田にしてみれば、田中とはライバルとしていつも対峙してはきたが、三木のこれほどまでの常軌を逸した復讐の仕方に、かえって田中への同情を覚えた。戦場で戦ってきた敵同士としての誇りと友情を、三木に砕かれたような寂しさを味わったのだった。三木と福田は同じ明治生まれであるが、人間としての仁義の違いが伺える。

話は逮捕時に戻る。田中と同じ二十七日には田中の前秘書官、榎本敏夫も逮捕されていた。榎本も同様に田中の容疑を否定していたのだが、その翌日、取り調べ検事のトリックにだまされて、心ならずも五億円の授受を認めるのだ。

二十八日も検事は否認し続ける榎本をなりふり構わず強引に攻め立てた。が途中でふいと取調室を出た。今度、戻ってきたとき、新聞を手にしている。いきなり「田中受領を認める」という大見出しが目に飛び込んだ。

咄嗟に榎本はドキーン（榎本の表現）とした。検事に「見ろ」と言われたわけではないが、大きな横見出しは自然と目に入る。検事はさらに左手に記事の切り抜きを持ち、

「おっ、こっちにもお前の経歴が出ているぞ」

と言って、両方を見比べるように眺め、再び尋問に戻った。榎本はここで大きな勘違いをする。田中の致命傷となる勘違いなのである。

（オヤジは認めたのかなあ）

党に対する五億円の献金があったのかもしれないと、ふと思った。党の名を傷つけてはいけないと判断し、オヤジがそれをかぶったのかもと、勝手に誤解した。そして検事から、

「笠原さん（目白邸の運転手）も丸紅の伊藤さんや松岡さんも、みんな認めているよ。お前が最後なんだ」

とダメを押され、とうとう榎本は田中の五億円授受を認めたのだった。ただそれがロッキードにつながるカネという意識はまるでなかったし、検事もロッキードという言葉は一度も口にしていなかった。だが新聞紙上やその後の調書では「榎本白状する」というふうに一直線にロッキードに結びつけられてしまう。検察は巧妙にマスコミリークを細工していたのだった。

結果的に榎本は検事のトリックにはめられた。だが一旦、白状した以上、田中にとって、もはや取り返しがつかない。

「やはり田中はクロだ」

そんな印象が国民の頭に刻印された。後で分かったことだが、検事がもっていたのはサンケイ新聞だった。サブタイトルに「地検、収賄立証に全力」とか「近く高官逮捕第二弾」などと、刺激的な文字が踊っている。朝日新聞や東京新聞もこの日、同様に報じていた。しかしこの間、田中は一貫して五億円授受を否定し、無罪を主張し続けていたのである。大新聞の完全なる誤報であった。

ではなぜ大マスコミがこんな根も葉もない報道をしたのか。それには信頼できる筋からの情報提供があったとしか考えられない。つまり、検察関係者からの意図的な情報リークである。有利な状況に導くための情報操作なのだ。証拠はない、だからこそ検察はこんな姑息な手段を使い、榎本らから誤解した形の供述を引き出した。ここには検察とマスコミとの癒着の構造が垣間見える。信用が命のマスコミがこのような虚報を撒き散らし、逆に検察がそれを利用して、自白を迫る。こんな異常な捜査が行われたのがロッキード事件なのだった。

だが一旦、供述したら、もう検察の勝ちだ。後は脅しや嫌がらせなどのテクニックを総動員し、検察に有利な調書作成にひた走った。榎本自身、供述を二転三転させながら、伊藤専務の自宅で政治献金として五億円を受け取ったと言い、それをまた否定したりと曲折をたどる。

いずれにせよ、田中弁護団は榎本には不審を抱いた。榎本と伊藤のあいだには弁護団にも分からない何か秘密の関係があるのではないか、と疑った。というのも、田中本人が明確に授受を否定しているからだ。丸紅から五億円を受け取ったこともないし、五億円を受け取るという報告を榎本からもらったこともないと、一貫して否定した。そう主張する田中の鋭い目には、一点の迷いも曇りも見られなかった。

関係者のお抱え運転手に対する取り調べも過酷だった。トリックと脅しが矢継ぎ早に繰り出され、密室のなかで心理的な絶望状態へと追い込まれた。返答を渋る彼らに、

「お前の子供や親戚は皆、品行方正かな。何だったら、洗ってみてもいいよ」

「このままじゃ、当分、あなたたちは帰れないな」

などと凄みをきかせる。田中側の運転手、清水や笠原（取調べの翌日に自殺）、丸紅側の松岡らは、判断能力が希薄になるなか、家に帰りたい一心で、検事の誘導尋問に対し、「はい」とか「ええ」とか「そうです」と、迎合した投げやりな態度に変わっていった。運転一筋に生きてきた実直な彼らにとって、検察の狡猾な爪から身をかわすのは到底、不可能だった。それはいつの間にか検察が作り上げた一方的な調書に姿を変えるのである。まさに検事の作文調書なのだが、その拙速さのあまり、その後、裁判の過程で多くの矛盾点を露呈する。同様に丸紅の檜山調書も、勝るとも劣らない矛盾に満ちた作文調書であった。だが不思議なことに裁判所はその矛盾点に目をつぶった。

検事の不当な権力行使について、もう一例示そう。木村喜助「田中角栄の真実」によると、

検察は、裁判で証人となった丸紅の松岡運転手ともう一人の某氏ら二人を自宅から強制的に連行し（令状なき逮捕）、八時間にも及ぶ取り調べをしたという。その先導は八月五日付け朝日新聞夕刊がかついだ。たぶん検察からの意図的リーク記事なのだろう。一面トップにこう出ていた。

「田中側証人取調べ　ロ事件偽証容疑で検察側
　榎本アリバイを工作　運転手ら二人追及
　五億円否定に反撃」

夕刊を見た木村ら弁護団はすぐに検事総長に会い、抗議を申し込む。これに先立ち、特捜部は金銭授受を捜査するにあたり、重大な初歩的ミスをおかしていた。榎本らが乗る専用車の動きを調べもせず、一方的な押しつけ捜査をしていたのである。ところが二人の運転手にアリバイを主張されて狼狽し、大慌てで逮捕というアリバイ崩しの大捜査に打って出たのが同日の早朝劇だった。しかしいくら追求しても、偽証したという客観的証拠が出てこず、仕方なく夕方になって二人を解放したのである。木村は言う。

「本来公判になってからは、検察側と弁護側は対等の立場で黒白を争うべきものであり、検察に不利な証言をしたからといって権力を用い、証人を逮捕するなど言語道断である。このようなことをすれば、その後の証人は検察権力に萎縮して事実を語らなくなることは目に見えている。それを狙ったものと言われても仕方あるまい」

まさに以後の証人への無言の脅しに他ならない。姑息な手段を弄するものだ。

田中が小菅拘置所から仮釈放されたとき、第一声として、腹心の周囲の者たちに聞き捨てにならない言葉を発している。

「ユダヤにやられた。ユダヤには気をつけろ」

なぜ身に覚えがないのにこんな目に会わねばならないのか。拘置所で田中はじっくりと考えたのであろう。その結果として、自分が進めてきた資源外交に行き着いたはずだ。石油にせよウランにせよ、世界のエネルギー資源はほとんどユダヤ資本が牛耳っている。そしてそれを統括しているのがアメリカであり、さらにその黒幕が国務長官のキッシンジャーなのだ。

そういう目で見ると、これまでのキッシンジャーの自分に対する言動の背後に、一貫した意思のようなものが存在するのに気がついた。どれもこれもが意味をもって脳裏によみがえってくる。なかでも忘れられないのが一九七四年秋のフォード来日だ。随行したキッシンジャーの傲慢で強圧的な態度は、今だから分かるのだが、もはや彼の決心が固いものであることを示していた。あれほど屈辱的な外交会談はかつてなかった。そして、チャーチ委員会にはじまる今回のスピード逮捕。

(復讐なのか……)

いや、復讐ではない。むしろ抹殺を狙っているのかもしれぬ。結果的にみれば、田中はことごとく彼にたてついてきた。この際、将来の再起の芽を潰そうとしたのではないか。田中はおぼろげながらも、自分の手が届かないところでの大きな作為を感じ、心のなかで身構えた。

マスコミ世論の支持をバックに、三木は田中を叩きに叩き、独走を続ける。政府や与党にもいっさい相談はなかった。まるで独裁政権だ。三木が唱える風通しのいい民主政治はどこへ行ったのか。

三木を首相に据えた長老の椎名は心穏やかではない。

「このままでは自民党の行く末が心配だ」

思いつめた椎名は大平や福田と相談し、三木降ろしに動き出した。国会はロッキード一色で、経済政策はずっと放置されたままである。円高不況は深刻だ。その一方でロ事件は大疑獄の様相を見せ、財界の動揺は甚だしい。それに裁判で白黒がついたわけでもないのに、すっかり田中を有罪扱いにしている。

「三木首相の姿勢が問題だ。まるで水を得た魚のように生き生きとしている。ほとんどこれを楽しむような気持ちさえ見られるではないか。同じ自民党の釜の飯を食べてきたというのに、一点の惻隠《そくいん》の情さえ見られない。トップリーダーとして、如何なものか」

これに対し、三木も黙ってはいない。唯一最大の味方であるマスコミと連携し、一気に反撃に出た。大新聞が歩調を合わせ、いっせいに椎名らの動きを「ロッキード隠し」と痛烈に批判したのだ。

「理解できぬ自民の三木退陣要求」（読売新聞）、「おかしな三木退陣要求の動き」（毎日新聞）、

「三木退陣論の虚構」(朝日新聞)などと、椎名批判の論調が洪水のように溢れ出た。マスコミの力は絶大だ。時の動きを抹殺する刃物を手にしている。勝負はついた。椎名らの動きは一瞬にして押し潰されたのだった。

元衆議院議長の船田中も心配のあまり、衆参両院議員総会で次のような演説をしている。

「これほど長期にわたり、ロッキードで明け暮れている国は、先進工業国では日本だけです。同じチャーチ委員会で裏金の可能性を指摘されたイタリア、フランス、トルコなどは、国益を考えて、そこそこのところで調査を打ち切っています。私は事件解明の必要性は認めますし、三木内閣がやったことには反対しません。しかし日本人は目先のことにとらわれて、大局を見失うことがあります」

外国では自国の法律に違反する嘱託尋問などには飛びつかなかったのである。しかし船田演説もまたマスコミに攻撃され、一瞬にしてかき消される。マスコミは徹底して三木の味方をした。刃物の威力は遺憾なく発揮された。

三木は巧みに生き延びた。しかし大衆の頭は「田中」イコール「金に汚い」イコール「自民党」と、連続した負のイメージで刻印された。三木一人だけが元気で、他の自民党員たちは皆、沈没である。見事なものだ。「一将功成りて万骨枯る」という諺があるが、三木はそれを地で行った。だがそんなことを屁とも思わないところが三木の特異な人間性なのか。或いはバルカン政治家の真骨頂なのか。国民を率いるリーダーだとか、自民党を率いるリーダーだとかの意識はまるでなかった。サバイバルゲームの一瞬一瞬を生き残ることが自分の使命だと勘違いしていた。

今や三木は怖い者なしである。しかしその強権的な世論政治が壊れる時が遂に来た。十二月五日、三木の手により任期満了の衆議院総選挙が行われ、自民党は惨敗する。国民からすっかり愛想をつかされていた。自民党員である三木一人で世論を操ったつもりが、自民党全体が操られていたのである。その結果、参議院と同様に衆議院も保革伯仲となった。

さすがの策士、三木も逃げおおせない。責任をとらざるを得なくなり、二日後の七日には退陣に追い込まれるのである。だがこの選挙で、刑事被告人の田中は新潟三区でトップ当選を果たし、地元民の強い信頼が続いているのを裏付けたのだった。

三木のあとは福田が継ぎ、総裁に選ばれた。しかし田中の受難は続く。田中追及の振り付け師兼主演俳優だった三木が去っても、状況は変らない。マスコミや検察、裁判所はがっちりとスクラムを組み、乱れるところはない。むしろ、ゴリ押しで一方的な裁判を進めていくのである。

9　残された日々

昭和五十八年（一九八三）十月十二日、東京地裁は六年九ヵ月に及んだロッキード事件の法廷闘争に区切りをつけた。丸紅ルートの第一審判決が下されたのだ。収賄で田中に懲役四年と追徴金五億円、贈賄で丸紅会長の檜山広が懲役二年六ヵ月、専務の伊藤宏が懲役二年、専務の大久保利春が懲役二年・執行猶予四年の有罪であった。

そもそも贈収賄とは、贈賄側が頼みごとをして金を支払う約束をし、収賄側がそれを承諾して頼まれたことを実行した後に金を受け取る。この事実が動かぬ証拠で証明された段階で初めて贈収賄事件が成立するのである。司法用語で前者を請託、後者を受託収賄とよぶ。この事件では、ロ社の代理店である丸紅の檜山会長が請託したとされる。

そこで問題になるのはその証拠だ。この裁判では物証はなく、すべては「檜山が請託した」という自白しかない。この自白だけが証拠となった。コーチャンらは「ＴＡＮＡＫＡ」という名を出し、さも「田中角栄」であるが如き印象を演出しながら、自分と檜山との会話を巧みに描写する。断定を避け、「そうに違いない」という方向へと巧みに誘導する供述をしている。コーチャンらアメリカ側の用意周到さがうかがえた。

裁判は檜山が自白したという調書に沿って進められた。ところがその自白内容に基づいて作られたはずの検事調書が大問題だった。裁判の過程で、猫の目のようにころころ変わるのだ。檜山の供述が正しく反映されず、都合の悪い部分は一方的に除外し、検事が強引に捻じ曲げて、不自然極まりないこじつけ調書が出来上がったのである。

しかし負けは負けである。田中は悔しさで眠れなかった。いきおいオールドパーの助けを借りた。借りたというより、あおっている。

嘱託尋問という違法な証言を最高裁が認めたばかりに、無関係の者までが次から次へ逮捕され、無理やり供述を強いられて、それが証拠として使われて自分を有罪へと陥れた。まさに偽りの連鎖だ。こんなことが法治国家日本で行われていいのだろうか。

この冤罪《えんざい》を晴らせなければ、死んでも死に切れないと思っている。日本国総理大臣の尊厳がかかっているのだ。外国から賄賂を受け取るなんて、よくもそんな破廉恥なシナリオを考え出したものだ。

日中国交回復はぜひやらなければいけない課題だった。中国は日本の隣国なのだ。仲良くすることこそが国益である。それをアメリカより先にやったからといって、非難されるいわれはない。北方四島の返還も必ず解決せねばならない。米ソの対立は理解しているつもりである。だからこそ日本がソ連と平和条約を結び、世界平和の安定に貢献すべきだと考えている。

それに資源問題だ。これは日本国存続の根幹にかかわる。日本の将来を考えた場合、一国をあずかる総理大臣として、これほど重要なものはない。アメリカだけに頼るのではなく、日本自身も独自に海外からの資源ルートを確保しておかねばならない。これが二十年先、三十年先の日本の繁栄を支える礎石となる。今の子供や孫たちへのせめてもの贈り物だ。このために自分は世界を駆け回り、体の不調をも押して頑張ってきた。

キッシンジャーの苛立ちも分からなくはないが、ではいざというとき、アメリカが日本のためにどれほどのことをしてくれるのか。エネルギーを分けてくれるのか。しかしそうはならない。石油危機のとき、キッシンジャーは明白に否定した。それなのに日本の資源外交を露骨に批判し、縛ろうとする。これは超大国アメリカのエゴ以外の何者でもない。

日米の友好関係、とりわけそれを担保する安保条約は重要だ。だがこれと資源外交が矛盾するとは思わない。

（それにしても腑に落ちない……）

ふとそのことに考えがいく。なぜ検察や裁判所、マスコミ、メディアなどが力を合わせ、束になって田中抹殺に血道をあげるのか。なぜ事実を歪曲してまで、罪人に仕立て上げなければならないのか。

ここまで考えが来ると、いつも田中は怒りの炎で胸が染まるのだ。それはアメリカへの怒りであり、キッシンジャーへの憤りである。無実の人間を見えない鉄の鎖でがんじがらめに縛り上げ、日本のアメリカシンパたちを総動員して　無理やり有罪の檻に入れようとし、そして現に入れたのだ。

だが言うまい。このことは自分の胸のなかにしまっておこう。そう田中は決めている。捲土重来だ。まだ高裁という上級審がある。もしそこで敗訴したとしても、さらに最高裁が控えている。

一審判決が出たとき、まだ上級審が控えているにもかかわらず、岡原昌男元最高裁長官がこの一審判決で決まりだと暴論を吐いたが、そこまで日本の司法が腐っているとは思いたくない。マスコミも検察の情報リークで踊らされているけれど、いつかは社会の木鐸であることに気づく日も来るだろう。辛抱が肝心だ。百年かかってでも、勝利を勝ち取らねばならぬ。正義は勝つ。断固、戦うのみだ。ウイスキーのグラスに口をつけるたび、励ましの気概が湧きあがってきて、忍び込んでいた弱気がはじき返された。

(我れアメリカに屈せず!)

そう自分に言い聞かせるのであった。

酒は体を酔わせるが、心までも酔わせない。国会議員として生き残り、どこまでもこの心を持ち続けよう。この悔しさをバネにして、新しい日本を築くのだ。そう思うことで、負けそうになる気持ちに活を入れ、未来への希望と入れ替えるのだった。だが田中の一途な意識とは別に、過度の深酒は体をぼろぼろにしていくのである。

そんな中の昭和六十年(一九八五)二月七日、田中は手塩にかけて育ててきた派閥のメンバーたちから、まさかの裏切りに会う。「創政会」の旗揚げだ。重鎮の金丸信を後見人役にもつ竹下登が、派中派である勉強会を立ち上げたのだ。百二十人を超える田中派議員のうち、八十一人が参加を希望したのだが、当日の朝ぎりぎりまでの田中の引き止め努力もあり、結局、それでも四十名もの議員が竹下のもとに集まった。そのなかには田中がひときわ目をかけていた梶山静六や羽田孜、小沢一郎らもいた。

最大派閥であるにもかかわらず、田中派は田中の首相退陣後、十年が経っても、一人の首相候補者も出していなかった。それが派内の不満と閉塞感を醸成し、天下取りの野望を秘めた竹下らに反旗の引き金を引かせたという事情がある。後に小沢一郎は当時の心情について、恩になった田中を裏切る気持ちはなく、一時的でも竹下登を後継者に指名しておけば組織がもつと考えた、と前向きの意図であったと述懐している。

この勉強会の動きを田中が知らなかったわけではない。二階堂進や後藤田正晴らからたびたび聞かされている。だがいつの時も田中は深く気にとめなかった。あっさりと受け流した。

「なに、どうせ勉強会なんだろう。彼らもそう言っているよ。いいんじゃないか」

その甘い判断の裏には普段の驕《おご》りのない人物からは考えられない自分への過信があった。いざその気になれば、いつでも潰せるという油断とでもいおうか。いや、油断というより、それと同じ程度に、仲間を信じてしまう人の良さがあるのかもしれない。あれほど厳しい外交交渉をこなしてきた同じ人物が、身内の組織の不満にうとかった。この長期にわたる緩慢な油断がすぐ後で脳梗塞という大事をもたらすとは、想像さえしていなかったのだった。

「創政会」結成の事前情報を聞いたとき、一瞬、田中の顔から生気が消え、化石のようにこわばったという。目が白眼に変わり、泣いているのか笑っているのか分からないような思考が停止した放心の表情を示した。

「クーデターか……」

やがてうめくような声が洩れ出た。蒼白の顔のなかで、痙攣《けいれん》したように小刻みに震える結んだ唇が、衝撃の大きさを表している。

仲間に裏切られたという思いは、田中の心のひだを深く傷つけた。それは派中派が及ぼすだろう悪影響への危惧ではなく、むしろ信じあってきた仲間の背信に対する寂しさなのだった。

いや、そうだろうか。ひょっとして自分の無力を力ずくで悟らされた悔しさからくる深手《ふかで》なのかもしれない。その証拠に田中はすぐさま片っ端から出席予定者たちに電話をかけ、引きとめにかかっている。それが成功し、どうにか当初の半分の四十名にとどめることができたのだった。

しかしその日を境に田中の体は暴走をはじめる。正確には暴走に拍車がかかったというべきか。もっと多くの量の酒を求めた。ここへ来るまで、ロッキード事件でマスコミや世間のバッシングに耐えながら、裁判という戦いの日々を刻んできた。巨大な鯨に対峙するイワシのような無力さに陥ったこともたびたびである。そこへこの創政会の結成なのだ。外と内からの二重苦が田中に襲いかかった。運命は過酷である。

(何のこれしき……)

歯を食いしばり、立ち向かおうとする。表面的には刻々のスケジュールをこなしているのだが、たえず創政会の面々が瞼に浮かび、悔しさと再起への焦りで心の休まる暇がない。ついウィスキーのボトルに手が伸びた。一本、二本と丸ごと空ける日が続くのである。体が酒を求めるのではなく、心が緊張した苦悩からの逃げ口を求めた。

こんなことが体にいいはずがない。最悪の事態は起こるべくして起こった。創政会旗揚げから二十日後の一九八五年二月二十七日の夕刻、突然、脳梗塞で倒れたのだ。田中、六十六歳の時である。

当日は小金井カントリークラブでゴルフをする予定だった。が風邪気味で中止し、午前中はいつものように大勢の訪問客と会っていた。昼食は主治医である森下甲一の妻ととったのだが、そこでも酒を飲みすぎ、奥座敷で床について身体を休めた。

夕方になり、田中は目覚めた。ところが手足がしびれて起きあがれない。そのことに家族が気づき、東京逓信病院から医師や看護士が駆けつけて応急治療にあたる。右半身の麻痺が進行する恐れがあり、その夜のうちに同病院に入院した。

病状は思わしくなく、言語障害と半身麻痺が残る。どう見ても、当面の政界復帰は困難な状況だ。

数ヵ月後、長女の真紀子が重大な決意をした。イトーピア平河町ビルにある田中角栄事務所を閉鎖し、代わりに議員会館の部屋を利用するという。年来の秘書だった佐藤昭子や早坂茂三らも去ることとなった。大派閥をどう維持すればいいのか。田中帝国の終焉《しゅうえん》を思わせる淋しい風景であった。

だがその落ち目は、田中個人については当てはまらなかった。依然として輝いていた。政治家田中角栄は健在だったのである。翌年七月七日の総選挙で、田中本人は一度も顔を出していなかったのに十七万九千六十二票を獲得し、二位に十万票以上の差をつけてトップ当選したのだ。田中の資金援助もあり、田中派も百四十二人が当選する健在ぶりである。

しかし田中の健在は、マスコミにとっては甚だ面白くない。今後の高裁判決も控えているのだ。田中を叩いておかねばならないと、「十八万票を割る」というふうに、さげすんだ報じ方をした。二位と十万票以上の差があるというのに、大した差ではない、と強弁するマスコミの神経を疑う。

時は過ぎた。一九八七年七月二十九日、東京高裁で二審の判決が下った。田中が欠席するなかで、控訴を棄却し、一審判決を支持したのである。懲役四年、追徴金五億円の実刑判決だ。検察・裁判所ともに初志を貫徹させ、田中を再び有罪としたのだった。田中は直ちに最高裁へ上告した。

年月という時間は病を得た田中にとって大敵だった。上告審に向け、この日から再び孤独で長い戦いがはじまった。長女の真紀子は車椅子の父に日がな一日、寄り添い、手となり足となって、リハビリに、政治に、そして裁判に没頭する。田中も懸命に耐えた。

アメリカに屈せず！　その思いだけが心のなかで田中を支え続けた。日本改革の理想もまだ心の奥底に抱いたまま燃やし続けている。だが肉体の方はそんな田中を見放し、徐々に人生の最終コーナーへと追い詰めていくのである。

不遇のなかでの時間は長く感じる。時間と戦い、病と戦い、裁判とも戦い、田中は心底、疲れ切った。車椅子におさまる老いた自分の病身を見て、田中は決意する。政界引退である。しかし裁判への闘志はいまだに衰えてはいない。潔白を勝ち取らない限り、死に切れない思いでいる。

一九九〇年一月二十四日、ついに田中は政界を引退した。衆議院議員勤続四十二年余だった。最高裁判決はまだ出ておらず、裁判は続いている。田中は真紀子の世話のもと、リハビリに励みながら、潔白へ向けた心だけは持ち続け、表面的には静かな日々を過ごしていた。

そんなところへ思いがけない来訪者があった。一九九二年四月七日、来日していた中国の江沢民総書記が訪ねてきたのである。世界の大国、中国のトップリーダーが、政界を引退した一老人に過ぎない病床の田中を見舞いに来た。

田中は背広に着替え、事務所で出迎えた。懇談は病気の田中を気遣い、十五分間ほどに設定された。

江沢民総書記は田中の目を覗き込むようにして、静かに力強く言った。

「中国では井戸を掘ってくれた人を大切にします。一九七二年の国交正常化は、田中先生のご尽力によるものです」

口が不自由な田中は目に涙を浮かべた。頭を下げて、それからシャンパンを一気に飲み干した。おそらく周恩来と一緒にマオタイを飲んだ時の光景を思い出していたことだろう。

真の外交とは、こういうことをいうのではないか。田中は日本の国益を背負い、時には喧嘩をし、しかし精一杯の誠意を尽くして相手の懐に飛び込んだ。そして互いにWin-Winの成果を得、国交を回復させたのだった。これほどの外交巧者が果たして今の日本にいるだろうか。国際間で多事多難の今日、もし田中ありせば、と思わざるを得ない。

江沢民が来日したその年の八月、夏の暑さが猛威をふるうなか、田中は二十年ぶりに中国を訪れた。もちろん私費である。真紀子夫妻ら家族七人を含め、総勢三十人ほどの旅だ。飛行機をチャーターし、一億円以上はかかったというが、田中にとってはそれはどうでもいい。むしろ人生の記憶へのけじめをつけようとした最後の旅だった。

北京釣魚台に滞在し、孫の雄一郎が通訳をつとめ、中国政府要人たちと会見をした。田中は笑みをたたえるなか、感極まったのか、時々、感動のうめき声をあげ、涙を流した。思い出深い会議室、亡き心の友、周恩来との再会を果たしていたのかもしれない。

そして翌年の一九九三年七月十八日、衆議院選挙が行われた。真紀子が新潟三区から無所属で出馬し、トップ当選を果たす。父角栄の後を継いで、政界入りするのである。

田中は真紀子が初登庁する姿をテレビで見ながら、目を潤ませ、時折り遠い昔を思い出すふうに目線を泳がせたという。優しい一人の年老いた父親の姿がそこにあった。四十六年前の二十八歳で初当選した時の自分と重ね合わせていたのかもしれない。

しかし、時間は田中のために多くは残さなかった。それから五ヵ月ほどが過ぎた十二月十六日、田中は帰らぬ人となった。故郷の新潟へ戻ったかのような冬の寒い日、七十五年の波乱の人生に幕を閉じたのである。

諸々の持病に加えて肺炎をこじらせ、九月から慶応病院に入院していた。体力はかなり衰えていた。亡くなる日の朝の九時過ぎ、回診にきた医師団に「眠い」とつぶやいて、引き込まれるように瞼を閉じると、そのまま眠り込んだ。

それから一時間ほどして娘婿の直紀代議士が見舞っているとき、急に痰をからませて苦しみ出した。急いで真紀子ら家族も駆けつけ、医師団の懸命の治療の甲斐もなく、午後二時過ぎに息を引きとったのだった。

数日前には容態が落ち着き、集中治療室から戻ったばかりで、家族も一安心をしていた。医師らが田中に、

「何が好きですか」

と尋ねたところ、「車に乗るのが好きです」と答えた。死去の前日、真紀子が見舞いに訪れ、小康を取り戻した父を祈るような気持ちで励ました。

「お父さん、よくなったら、ドライブに行こうね」

「うん。行こう、行こう」

そういう意味のことを言って、田中はうれしそうな表情をしたという。

翌朝の朝日新聞社会欄に、「田中元首相死去　金権支配、最後は『眠い』」と出ていた。そしてその横に立花隆が「『角栄的なもの』精算を」というタイトルで、いつも通りのコメントを載せていた。

田中は自分の寿命の終焉《しゅうえん》が近づいているのを知っていたのかもしれない。衆議院議員引退から江沢民の来訪、中国再訪問、そして長女真紀子の衆議院議員当選と、わずか四年足らずのあいだに立て続けに人生のけじめをつけている。

だが最大で最後のけじめであるロ事件の無罪判決を見ぬうちに舞台から去った。今日こそは今日こそはと待ち望んでいた最高裁判決が来ないうちに、この世との別れを告げたのである。さぞ無念であったことだろう。

しかもその最大で最後のけじめは田中の死後、まるでそれを待っていたかのように下されるのである。最高裁は田中の死亡を理由に、公訴棄却の決定を行い、裁判を終結させた。つまり検察官の起訴を無効にしたのだ。

—では田中は無罪になったのか？

そうではない。後で有罪とするのだ。それはまだ決着がついていなかった榎本と檜山の上告審にある。

田中が亡くなってから一年数ヵ月後の一九九五年二月二十二日、最高裁は榎本敏夫、檜山広の上告棄却を言い渡す。一、二審の有罪判決を支持したのである。つまり首相の犯罪を認定したのだった。ただ一、二審とは違い、嘱託尋問は違法（毒樹）として退けたが、その毒樹から派生した検察官による作文調書、つまり毒樹の果実は有効と認定する。あえて毒樹と果実の矛盾に目をつむり、首相の犯罪を宣告して無理やり決着をつけたのである。

何と長い裁判だったろう。起訴から十九年目になって、そして最高裁への上告から見れば七年半後に、ようやく裁判が終了したのだった。政治家田中の後半生は、でっち上げられた無実の罪との長い戦いであった。

国益を思い、日中国交回復と資源外交に邁進した田中にとって、その無念さは言語に絶するものであろう。しかし、田中の挫折によって得《とく》した者、安堵した者がいる。そのとき地球の裏側で、シャンパンを抜いて高らかに笑ったに違いない。だがその人物とても国益を思っての行動なのが悲しい。

良きにつけ悪しきにつけ、田中は成熟した大人の政治家だった。気骨に満ちた信念の政治家だった。党のために大いにカネを集め、大いに使った。集め方に多少荒っぽかったところもあろう。だが法に触れることはしていなかった。

そんな田中に比べ、今日の為政者の何とスケールの小さなことか。内政にせよ外交にせよ、国益と国民の幸福という大局観を持たず、ただ自己保身だけに汲々とし、結果に対するいっさいの責任も負おうとしない。目先の出来事ばかりを刹那的に追うだけの小さな政治と化している。世論調査の数字ばかりを気にしている。

ただ清貧であればいい。カネにさえ清ければ、国家観などなくても総理大臣になれるのだ。そんな時代である。無能力者でも清貧であれば国のリーダーに選んでも文句を言わない国民とマスコミ。能力よりもカネの潔さのみがリーダーの条件だと勘違いしている極端な考え方が、今の世論なのだ。高潔な教育者になるのならそれは必須だろう。が、世俗のリーダーたる政治家にそこまでの人間的清潔さを徹底して求めるマスメディアの姿勢は、果たして国益を代弁していると言えるのだろうか。

汚職を許すというのではない。違法な行為は断固、罰せられねばならない。しかし行き過ぎた清潔度と倫理観の要求は人間を萎縮させる。人の心というのは濁ったものなのだ。幸せな人を見て、よかったと思う者もいれば、不幸になればいいのにと妬《ねた》む者もいる。これが人間なのだ。田中に対し、マスコミがあれほどまでに金権非難を繰り返したのは、異様な感じさえする。社会の木鐸としての正義感からそうしたのだろうか。

随筆家で編集者でもあった山本夏彦がこう喝破している。

「汚職は国を滅ぼさないが、小さな正義が国を滅ぼす」

二〇〇二年に他界した人物だが、まるで今日の日本を観察しているようではないか。小さな正義が横行している。

ともあれ田中バッシングはマスメディアによる狂気の嵐であった。ほとんどの新聞やテレビ、ラジオ、週刊誌などが集団となり、まるで噴火する火山のマグマのような勢いで激しく田中を叩き続けた。

十九世紀後半の哲学者ニーチェは言う。

「狂気は個人にあっては稀《まれ》なことである。しかし集団や党派、民族、時代にあっては通例である」

田中追放の熱気はもはや誰も止められないほどの強烈台風となった。検察や裁判所でさえ、その熱気に煽られ、いや、ひょっとして自らがその熱気を煽り立て、嘱託尋問から逮捕、そして裁判へと突っ走るのである。

三木武夫らの政治家もそれを利用した。国民もこぞって拍手喝采をし、国全体が田中を追放することで溜飲を下げようとした。そして彼ら追放劇の役者たちは、背後に潜む国際的謀略を知ってか知らずか、ひたすらゴールに向かって走った。

そんななかで田中は孤独に戦い、そして敗れ去ったのである。敵は大きすぎた。何と報われない政治人生ではなかったか。国民の幸福のために一命を捧げた稀有《けう》の政治家は、やがてアメリカが企むロッキード事件でその政治生命を絶たれる。日本の国益を考え、ひたすら奉仕してきた総理大臣が、こともあろうに賄賂を受けたという犯罪者のレッテルで葬られたのだった。

竹下が率いる創政会はその後、田中の高裁判決が出る一ヵ月弱前の一九八七年七月四日、経世会と名を改め、田中派からの独立を果たした。一一三名の議員が参加し、この日をもって田中派は消滅したのである。脳梗塞で病床にあった田中の気持ちはいかばかりであったろう。

しかし田中は政治家としての人生に本当に負けたのだろうか。アメリカの謀略にはめられ、冤罪を背負ったままこの世を去ったのだが、だからといって、悲劇の敗北者なのだろうか。そう断定するのは後世の人たちによる田中への片寄りすぎた思い込みなのかもしれない。

政治家田中角栄は依然として日本の政治に影響を及ぼしている。その証拠は人材の厚さを見れば自明である。田中派のなかからどれだけの総理大臣が輩出されてきたことか。竹下登をはじめ羽田孜、橋本龍太郎、小渕恵三、そして総理大臣ではないが小沢一郎と、政界に君臨する巨匠を次々と輩出しているのだ。これほどの厚い人材層を田中は時間をかけて培養してきたのである。

総理就任三ヵ月で日中国交回復を実現し、アメリカが反対する独自の資源外交を展開した田中角栄は、死して後も政治に熱い息吹を吹きかけている。

今は国難の時代である。内政外交ともに問題が山積している。歴史にイフはない。しかしそれを知りながらも、

「東日本大震災後、もし今、田中角栄がいたなら、政界、財界をはじめ各界各層から一般市民に至るすべてを巻き込んで、未曾有の危機に立ち向かっていったであろう……」

と、つい思ってしまうのである。

（完）

読売新聞の調査によると、昭和で一番印象に残り、影響を与えた人の一位は田中角栄、二位が美空ひばりであった。日本人が一番元気で溌溂とした昭和という時代に、この二人に巡り合った私たちは、希望を捨てず、未来に向かっていく共有の認識を持って、生きて行ったことはまぎれもない事実であった。

参考文献（順不同）

左記の文献を参考として使わせていただきました。有難うございました。

日本経済新聞、朝日新聞、読売新聞、毎日新聞、サンケイ新聞、ウィキペディア、戦後最大の宰相田中角栄上・下（田原総一朗著）、怨念の系譜（早坂茂三著）、鈍牛にも角がある（早坂茂三著）、政治家田中角栄（早坂茂三著）、早坂茂三の田中角栄回想録（早坂茂三著）、オヤジとわたし（早坂茂三著）、駕籠に乗る人担ぐ人（早坂茂三著）、異形の将軍上・下（津本陽著）、田中角栄研究上（立花隆著）、田中真紀子研究（立花隆著）、角栄失脚歪められた真実（徳本栄一郎著）、田中角栄その巨善と巨悪（水木楊）、政治の天才田中角栄（岩見隆夫著）、越山田中角栄（佐木隆三著）、田中角栄の真実（木村喜助著）、決定版私の田中角栄日記（佐藤昭子著）、だれが角栄を殺したのか（新野哲也著）、私だけが知っている田中角栄無罪（小山健一著）、田中角栄の読み方（高野孟著）、宰相田中角栄の真実（新潟日報報道部）、田中角栄封じられた資源戦略（山岡淳一郎著）、名宰相田中角栄（中村一夫著）、検察が危ない（郷原信郎著）、角栄一代（小林吉弥著）、ＣＩＡ秘録（ティム・ワイナー著、文藝春秋）、ＣＩＡ（フリーマントル著、新庄哲夫訳、新潮選書）、文芸春秋、新潮四五

またインタビューに応じて下さった多くの方々にこの場を借りて厚くお礼申し上げます。

著者略歴

1941年生まれ。大阪府立天王寺高校を経て大阪市立大学経済学部卒業後、川崎重工業に入社。営業のプロジェクトマネジャーとして長年プラント輸出に従事。二十世紀最大のプロジェクトといわれるドーバー海峡の海底トンネル掘削機を受注し、成功させる。後年、米国系化学会社ハーキュリーズジャパンへ転職。同社ジャパン代表取締役となり、退職後、星光PMC監査役を歴任。主な著書に『凜として』『サムライ会計士』『大正製薬上原正吉とその妻小枝』『我れ百倍働けど悔いなし』(以上、栄光出版社)『ドーバー海峡の朝霧』(ビジネス社)、ビジネス書『総外資時代キャリアパスの作り方』(光文社)、『アメリカ経営56のパワーシステム』(かんき出版)等がある。

この国は俺が守る

平成二十三年十一月十日　第一刷発行
令和　元　年十二月十日　第五刷発行

検印省略

著　者　仲《なか》　俊《しゅん》　二《じ》　郎《ろう》
発行者　石　澤　三　郎
発行所　株式会社　栄光出版社

〒140-0002 東京都品川区東品川1の37の5
電　話　03(3471)1235
FAX　03(3471)1237

印刷・製本　モリモト印刷(株)

ISBN 978-4-7541-0127-5